**가진 돈은
몽땅 써라**

가진 돈은 몽땅 써라

호리에 다카후미 지음 | 윤지나 옮김

먹고 놀고 마시는 데 목숨 걸어라
다시 살 수 없는 것들에 투자하라

쌤앤파커스

돈을 쓸수록 기회가 늘어난다!

나는 어릴 때 〈개미와 베짱이〉 이야기를 들으면서 자랐다. 한여름에 땀을 뻘뻘 흘리며 겨울에 먹을 음식을 부지런히 준비한 개미는 추운 겨울에도 살아남고, 일하지 않고 놀기만 한 베짱이는 굶어 죽는다는 교훈을 담은 우화이다. 추운 겨울 먹이를 구하러 온 베짱이를 보고 개미는 "내 알 바 아니다."라며 문전박대한다. 부모님이나 선생님들은 마치 이것이 절대 선善인 양 아이들에게 가르친다.

나는 어렸을 때 이 우화를 듣고 의문이 생겼다. '개미가 베짱이를 내친 것은 과연 옳은 행동이었을까?', '나중을 생각하지 않고 지금을 마음껏 즐기는 인생은 죽어 마땅한 잘

못된 인생이었을까?', '개미도 마음속으로는 베짱이의 음악을 즐기지 않았을까?'

〈개미와 베짱이〉는 우리가 오랫동안 세뇌당해온 '저축 신앙'이 잘 축약된 상징적인 이야기이다. 땀 흘려 일하는 인생이 최선이고 그렇지 못한 사람은 굶어도 할 말이 없다는 말인데, 이 말을 과연 곧이곧대로 들어도 될까.

먹을 것이 부족했던 시절이라면 몰라도 지금이 어떤 시대인가? 현대사회에서는 베짱이처럼 먹고 싶을 때 먹고 싶은 만큼 먹어도 아무 문제가 없다. 이제 먹느냐 마느냐는 크게 중요한 문제가 아니게 되었다. 물질적으로 풍요로워진 지금은 놀람과 감동, 즐거움, 쾌락 등이 그 무엇보다 중요한 시대가 되었다. 이런 변화에 따라 요구되는 삶의 태도 역시 달라졌다. 이제는 개미처럼 근면 성실함을 내세우기보다 베짱이처럼 잘 놀고 즐기는 사람이 인정받고 성공하는 시대가 된 것이다.

근면 성실함은 여전히 중요하다. 그러나 주위에 즐거움을 주고 놀이를 제공하는 능력은 이미 근면 성실만큼이나, 아니 그 이상의 가치를 갖게 되었다. 개미와 베짱이 모두

굶지 않고 행복하게 살 수 있는 사회가 더 진보하고 성숙한 사회이고, 우리는 이미 그런 사회를 살고 있다. 옛 시대의 우화를 불변의 진리인 양 받아들이면 저축신앙에서 벗어날 수 없다.

〈개미와 베짱이〉는 우화집의 단편 우화로 15세기경에 출판됐고, 일본에는 16세기경에 소개됐다고 한다. 그만큼 오래된 우화이다. 세계 어디에서나 농업이 경제의 중심이던 시절에 쓰인 우화이다. 이 무렵의 사회에서는 〈개미와 베짱이〉가 전하는 메시지만 따라도 충분했을 것이다. 농경사회에서 민중은 식량을 생산하기 위해 땀 흘려 열심히 일해야만 했다. 일하고 싶어도 할 수 없는 겨울을 대비해 식량을 잘 쌓아두는 것은 선택이 아니라 필수였을 것이다. 이시절에는 저축이 신앙이고 또 진리라 해도 크게 틀리지 않은 이야기였을지도 모른다.

반면 역사학자인 유발 하라리는 베스트셀러 《사피엔스》에서 "농업혁명은 사상 최대의 사기였다."라고 표현한다. 그의 이야기에 따르면 인류는 농업혁명으로 식량의 총량을 늘리는 데는 성공했지만, 늘어난 총량의 이면을 살펴보면 인류의 노동량도 함께 늘었다. 충분한 휴식이나 삶의 여유는 전혀 보장되지 않았다. 오히려 인구가 폭발하는 와중에 식량을 독식하는 부유층이 등장하면서 본격적인 빈부격차가 발생하게 됐다. 즉, 인류가 농작물을 재배하고 관리한 것이 아니라, 반대로 인류가 농작물에 예속됐다고 역설하는 것이다.

고개를 끄덕이게 하는 부분이 있다. '사상 최대의 사기'라는 표현이 자극적이기는 하지만, 농업으로 얻게 된 안정감이 환상이라는 지적은 정확하다. 농경이 발달하면서 자원의 비축이 장려되고, 소비하며 즐기는 삶을 터부시하게 되었다. 오로지 미래의 안정만을 추구하는, 저축신앙이라는 환상이 생겨난 것이다. 쌓아두면 아무 걱정 없다는 생각은 오히려 쌓아둬야 한다는 강박이 되어, 인류를 저축의 노예로 만들었다는 이야기가 가려져 있다.

〈개미와 베짱이〉는 아득히 먼 옛날의 이야기이다. 겨울이 되면 먹을 것이 부족해지는 곳은 이제 지상에 존재하지 않는다. 이런 세상에서 안정감을 좇아 비축에 몰두하는 인생이 꼭 좋은 것은 아니다. 아니, 이런 태도는 오히려 인생을 위축시킨다. 과거에는 인생을 온통 식량을 쌓는 데 바친 개미들이 조금 더 안정된 생활을 했을지는 모른다. 하지만 음악도 춤도 잊은 채 친구들을 외면한 인생이 결코 행복했을 리 없다.

　나는 기회가 있을 때마다 '돈은 신용을 수치화한 것'이라고 말해왔는데, 이 말처럼 돈이라는 신용은 쓸 때 비로소 실현된다. 저축만으로는 신용이 현실 세계에 구현되지 않는다. 돈을 써야 여러분의 가치가 커지고 새로운 생산의 순환이 생겨난다는 뜻이다. 돈은 신용을 수치화한 도구에 지나지 않는다. 돈은 쓰면 쓸수록 신용을 더 강력하게 구현하는 공평하고 편리한 도구이다.

　돈을 모으기만 해서는 안 된다. 돈은 애당초에 쓰이기 위해 탄생한 도구이다. 여러분은 무엇을 하기 위해 돈을 모으는가? 만일에 대비하기 위해? 다가올 겨울을 위해? 곰곰이 생각해보면 둘 다 아니지 않은가? 부득이한 만일의 경우가 닥쳤을 때, 정말로 도움 되는 것은 통장에 쌓인 잔고가 아니라 돈을 쓰면서 쌓은 지혜와 풍부한 경험이다.

　내가 이 책을 쓴 목적은 사람들의 마음에 먼 옛날부터 쌓여온 저축신앙의 환상을 조금이라도 깨기 위해서이다. 가진 돈은 몽땅 써라! 이것이 개인의 신용을 현실에 구현하고 돈의 본질을 배우는 가장 좋은 방법이다. 단, 오해는 하지 않기를 바란다. 나는 한 푼도 남김없이 다 쓰고 무일푼이 되라는 개똥철학을 늘어놓고 있는 것이 아니다. 가진 돈을 모두 쓸 작정으로 해야 할 일을 하라는 뜻이다. 그럼 돈에 얽매이는 사고방식에서 분명 벗어날 수 있다. 이제부터 자세한 실천 방법을 소개하겠다.

2. 행동 혁명

원 없이 놀아본 사람만이 한계를 뛰어넘는다

'안전제일'이
가장 위험한 시대

은행에 차곡차곡 돈을 모은다고 안정된 미래가 보장될까? 그런 생각은 환상에 불과하다. 미래를 위해 현재를 희생하는 일은 풍요로운 인생을 포기하는 것이나 다름없다. 잘못된 상식을 버리고 사회 통념에 의심을 품는 사람만이 돈의 강박에서 벗어나 자유로운 삶을 살 수 있다.

15년을 달려 마침내 우주에 도달하다

2019년 5월 4일 이른 아침, 소형 관측 로켓 '모모мomo' 3호기가 홋카이도에서 발사되어 고도 100킬로미터의 우주 공간에 성공적으로 도달했다. 모모는 내가 출자한 우주 벤처 기업 '인터스텔라 테크놀로지'가 자체 개발한 로켓이다. 민간 기업이 단독으로 개발한 로켓이 우주까지 도달한 것은 일본 최초의 쾌거였다.

이날 나는 밤늦게까지 동료들과 축배를 들었다. 많은 분에게 축하 인사를 받았다. 뉴스 프로그램에서도 톱뉴스로 다뤄졌다. 시바야마 마사히코 문부과학대신이 보낸 응원의 메시지도 받았다. 모두 정말 감사한 일이었다.

돌이켜보면 긴 여정이었다. 내가 우주 사업에 뛰어든 것은 2004년부터다. 처음에는 해외에서 엔진을 들여올 계획이었으나 이런저런 사정으로 좌절되면서 인터스텔라 테크놀로지가 자체 개발하는 쪽으로 방향을 틀었다. 해당 분야의 전문가들을 모았지만, 로켓 제작에 대한 실질적인 노하우는 거의 없다시피 해 그야말로 주먹구구식으로 시작했다.

어려운 상황에서도 꾸준히 개발을 진행하던 중 2006년에 라이브도어 사건이 터졌다. 당시 라이브도어의 오너이던 나는 증권거래법 위반으로 도쿄 구치소에 구류됐다. 교도소에 수감된 후에도 나는 로켓 개발 자금을 조금이라도 더 벌기 위해 줄곧 이메일 매거진의 원고를 썼다.

수감 기간에는 수입이 빤했기 때문에 나의 매니지먼트 회사가 연구 개발을 위탁하는 형태로 인터스텔라 테크놀로지의 우주 사업을 이어갔다. 나는 밑 빠진 독에 끊임없이 자금을 쏟아부었고, 막대한 돈은 물거품처럼 사라져갔다.

출소 후에는 자유롭게 돈을 벌 수 있는 몸이 됐지만, 인터스텔라 테크놀로지의 재무 상태는 여전히 심각했다. 그래서 우리 회사에서 출자한 것 외에 삼자배정 유상증자를 통해 자금을 충당했다. 크라우드 펀딩, 타기업으로부터의 융자, 보조금 신청 등 자금 조달을 위해 할 수 있는 일은 뭐든 다 했다. 앞뒤를 재고 따질 상황이 아니었다.

이런 노력에도 불구하고 자금난은 계속되었다. 사실 인터스텔라 테크놀로지의 재정은 꽤 오래전부터 내 수입만으로 유지할 수 있는 상황이 아니었다. 사업성 측면에서 보면 우주 사업은 애초에 손절해야 했다. 그러나 나는 포기하지 않았다. 꼭 해야만 하는 이유가 있었기 때문이다.

합리적인 가격의 위성 발사 사업은 전 세계적으로 수요가 높다. 현재 로켓 1대를 발사하는 데는 수십억 엔이 든다. 이 비용을 조금이라도 낮출 수 있다면 어떨까? 그것을 가능하게 하는 기술을 가진다면 전 세계의 투자금이 몰릴 것이다.

해외의 주식시장을 살펴보면 평범한 로켓 벤처기업도 시가총액이 1,000억 엔을 넘는다. 이런 정황을 살펴볼 때, 모모 3호기의 발사 성공으로 인터스텔라 테크놀로지도 주목도가 올라가 큰 투자를 받게 될지 모른다. 자금력만 있으면 계획 중인 궤도 투입기 '제로ZERO'는 머지않아 완성될 것이다. 제로가 가동되면 인터스텔라 테크놀로지는 로켓사업 분야에서 일론 머스크가 이끄는 스페이스X와 같은 무대에 설 수 있을 것이다. 이것은 이제 꿈이 아니다.

15년이라는 세월 동안 수많은 난관과 자금난에 부딪혔지만 결국 우주에 도달했다. 모두가 불가능하다고 했던 첫 번째 '죽음의 계곡(벤처기업이 창업 초기에 기술 개발에 성공했다 하더라도 사업화 단계에 이르기 전까지 넘어야 할 어려움을 나타내는 용어-옮긴이)'을 넘어선 것이다. 앞으로 일본 내에서 인터스텔라 테크놀로지를 따라잡을 수 있는 경쟁사가 나오기는 쉽지 않을 것이다.

꿈을 꿈으로 끝내지 않기 위해서는 현실을 직시하고 대책을 끝까지 찾아내야 한다. 멈추지 않는 의지가 무엇보다 중요하다. 물론 현실이 꿈을 산산조각낼 수도 있다. 그래도 끝까지 해내고 말겠다는 의지만 있으면 우수한 인재와 자금, 인연이 모여 현실을 꿈 이상의 단계까지 끌어올릴 수 있다.

살아 숨 쉬는 돈의 행복

초등학생 시절 내가 다니던 학교에서는 설날에 받은 세뱃돈을 '우편저축'하라고 권장했다. 신학기가 시작되면 강당에 우체국 직원이 찾아왔고, 학생들은 세뱃돈이 든 갈색 종이봉투를 들고 줄을 서 저축했다.

나는 왜 저축을 해야 하는지 도무지 이해되지 않았다. 한 해에 한 번 받는 세뱃돈으로 오락실에도 가고 만화책도 사고 싶었다. 학교 선생님뿐 아니라 부모님, 아니 세상의 어른들은 지금도 한결같이 "열심히 저축해라." 하고 말한다. 이 말이 옛날에는 어땠는지 몰라도 지금은 옳은 가르침이 아니다. 목적이 분명한 저축은 괜찮다. 그러나 특별한 목적도 없이 통장에 돈을 계속 쌓아두기만 하는 것은 매우 어리석은 짓이다.

우편저축은 2차 세계대전 중에 전쟁 자금을 조달할 목적으로 일본에 전국적으로 보급됐다. 전쟁이 끝난 지금은 국채 상각을 위해 고객이 맡긴 자금을 운용하고 있다. 이처럼 비정상적인 기관에 돈을 맡겼다가 어린시절의 소중한 세뱃돈을 돌려받지 못한 어처구니없던 일은 아직도 기억에 생생하다.

저축은 은행의 채권을 사는 투자다. 주식, 채권, 부동산 등 많은 투자 방법 중에서 기대 수익이 가장 보잘것없는 투자인 것이다. 이렇게 이야기하면 대체로 '저축은 예기치 못한 때를 대비하기 위한 것'이라고들 하지만, 저축을 많이 할수록 정작 자기 인생의 폭이 줄어든다는 점은 생각하지 않는다.

어른들은 저축을 하면 일상생활이 안심된다고 한다. 그러나 저축액만큼 채권자로서의 부담이 늘어나는데 그게 어떻게 안심되는 일인지 모르겠다. 내 생각이 지나치게 극단적일지는 모르겠다. 그러나 나는 아무리 비판을 받아도 계속 주장할 것이다. 저축이 미덕이라는 말은 잘못된 것이라고. 그런 시대는 끝났다고.

은행에 맡긴 돈은 대출이라는 이름표를 달고서 세상에 다시 나오고, 그 혜택은 일부의 대기업에 돌아간다. 그러나 서민들의 소비가 살아나지 않으면 대기업에 돌아간 혜택도 그 의미를 잃는다. 사람들이 돈을 쓰지 않고 저축에 목을 매면 회사의 실적은 오르지 않고 고용도 창출되지 않아 장기적으로 경기 침체에 이르는 것이다. 즉 돈은 쓰지 않으면 그 생명력을 잃고 만다.

나는 대학생이 된 이후로 저축은 일절 하지 않았다. 열심히 일해 목돈을 쥐게 되면 친구들과 여행도 가고, 맛있는 것도 먹고, 식견을 넓히는 데 다 썼다. 성향적으로 저축을 싫어하기도 하지만, 통장에 갇혀 생명력을 잃은 돈을 움켜쥐고 있기보다 살아 숨 쉬는 돈을 쓰는 것이 압도적으로 즐겁고 행복하다고 믿었기 때문이다.

지금도 그 믿음은 확고하다. 쓸 수 있는 만큼 원 없이 쓰길 잘했다고 생각한다. 돈을 쓰면서 얻은 귀중한 경험들은 사회에서 겪은 다양한 상황에서 도움이 됐다. 예를 들어 커뮤니케이션 스킬이 늘었고, 만나는 사람들도 달라졌다.

내가 이제까지 번 돈을 착실히 저축했다면 일본의 40대 샐러리맨 중에서는 손에 꼽히는 부자가 됐을지도 모른다. 하지만 나에게는 저축보다 당시 매 순간의 만남, 흥분, 체험이 몇 배는 값지게 다가왔다. 나는 지금까지 저축 대신 경험에 투자했고, 돈으로 산 그 경험들은 이제 그 곱절의 돈을 내도 결코 재현할 수 없다. 저축으로 눈앞의 불안을 조금 덜 수 있을지는 몰라도 시간을 되돌릴 수는 없다.

미래를 위해 죽은 돈을 꽁꽁 품고 아등바등 살 것인가? 살아 있는 돈으로 현재를 가장 귀중하게 만들어줄 값진 경험을 쌓을 것인가? 어느 쪽이 후회 없는 인생이 될지, 선택은 당신의 몫이다.

제일 먼저 손을 번쩍 드는 사람이 되라

많은 프로젝트를 동시에 진행하기 위해서는 다른 사람에게 묻어가려 하지 말고 손을 번쩍 드는 용기가 필요하다. 분위기에 아랑곳하지 않고 눈치 없는 바보가 돼야 한다. 내가 바로 그 '눈치 없는 바보'다. 나는 지금까지 주위의 분위기는 전혀 신경 쓰지 않고 행동해왔다. 언제나 누군가 "할 사람?" 하고 물으면 제일 먼저 손을 번쩍 들어 "저요!"라며 바로 행동에 옮겼다.

나는 23살에 창업해 회사를 크게 성장시켰다. 프로야구단 '오사카 긴테쓰 버팔로스'를 사들여 '요미우리 자이언츠' 천하였던 프로야구판을 뒤흔들고자 했다. 닛폰방송과 후지

TV를 인수해 미디어 혁명을 일으키려 했다. 자민당 소속 중의원 후보로 출마해 자민당 총재가 되어야겠다고도 생각했다.

세상 사람들은 "호리에몽은 왜 엉뚱한 짓만 하냐?"며 질책하기도 한다. 불뚝 튀어나온 배에 엉뚱한 짓을 일삼는 도라에몽에 나를 빗대어 '호리에몽'이라고 부르며 애정 어린 비판을 하는 것이다. 그렇지만 다른 사람들 눈에는 바보 같은 짓이었을지 몰라도, 나는 순수하게 그 순간 하고 싶은 일에 몰두했던 것뿐이다. '이런 바보 같은 일은 보통 안 하는데…'라며 후회한 적은 없다. 아니 그럴 시간조차 없었다.

눈앞에 흥미로운 일이 있으면 당장 직접 해본다. 돈 걱정은 안중에도 없고 질릴 때까지 푹 빠져서 해본다. 물론 실패한 적도 많지만, 그 과정에서 얻는 귀중한 경험이 더 많다. 내 인생은 여태 '해볼걸…'이라는 뒤늦은 후회가 없다.

주위의 프로젝트가 있다면 살펴보라. 잘되는 프로젝트에는 의욕 넘치는 팀장을 중심으로 우수한 엔지니어나 전문가가 많이 몰려 있다. 긍정적인 영향을 끼치고 실행력이 좋은 사람에게는 인재가 자연스럽게 몰린다.

앞으로의 시대에서 리스크 때문에 멈칫거리는 사람은 성공할 수 없다. 하고 싶은 일이 있다면 리스크에 아랑곳하지 않고 먼저 손을 들어 무엇이든 하고 보는 사람의 시대가 왔다. 미칠듯한 속도로 AI와 로봇이 인간을 대체하는 시대로 전환되는 중이다. 이런 시대에는 제일 먼저 손을 들고 바로 뛰어드는 실행력이 기술이나 지식 이상의 가치를 가질 수밖에 없다.

몸은 어른일지언정 행동 욕구는 3살 수준에 머물러 있는 게 좋다. 3살배기 아이가 밥을 먹을 때 자주 흘리는 것은 밥을 먹는 동안에도 수시로 관심사가 바뀌기 때문이다. 호기심을 억제하지 못해 갑자기 도로에 뛰어들어 다치기도 하는, 이런 자세가 필요하다. 3살배기 아이의 머릿속은 온통 하고 싶은 일뿐이다. 그 결과를 가늠하느라 멈칫거리지 않는다. 생각이 떠오르면 바로 행동으로 옮긴다. 이 순수한 호기심과 행동력이 흔히들 말하는 '아이의 사랑스러움'인 것이다. 그래서 아이는 부모나 주위 사람들에게 사랑받는다. 만일 욕구를 억누르고 하고 싶은 일을 전혀 하지 않는 3살배기 아이가 있다면 과연 사랑스럽겠는가?

일할 때건 놀 때건 항상 3살배기 아이처럼 행동하라. 스티브 잡스까지 갈 것도 없다. 혁신가 대부분은 행동 욕구가 유아 수준이다. 그래서 대담한 계획도 거침없이 밀어붙여 혁신적인 기술을 탄생시키는 것이다. 그 마력에 끌린 인재들이 항상 도움을 준다는 점은 굳이 다시 이야기하지 않겠다.

만일 도와주는 사람이 없어 어려운 상황이라면 하고 싶은 일에 전력질주하지 않고 리스크를 재고 따지는 마음이 아직 남아 있기 때문일 것이다. 선사시대 이래로 인류의 생존에 가장 크게 이바지한 감각은 공포였다. 위기와 불안을 감지하는 촉은 인간이라는 종種에게 가장 예민하게 발달해 있다. 누구나 불안과 두려움의 냄새는 귀신처럼 맡는다는 뜻이다. 리스크 따위 내팽개치고 3살배기 아이처럼 자신의 모든 에너지를 폭발시켜서 하고 싶은 일에 미쳐라. 그러면 그 순수한 에너지에 인재들이 자연스레 몰릴 것이다.

아이들에게는 현재가 전부이다. 그래서 엄청난 속도로 성장하는 것이다. 막연한 '안정'이라는 허울에 매달리지 말고 하고 싶은 일을 하면 된다. 그렇게 하면 어느 순간 주위의 사람들과 함께 놀라울 정도로 성장해갈 것이다.

중요한 건 조직이 아니라 나 자신

이제는 일하는 시간, 공간의 개념이 완전히 달라졌다. 가령 한 프로젝트를 두고 미국과 인도에서 낮밤을 이어 24시간 쉼 없이 작업을 하거나, 사무실 없이 어디서든 자유로이 일하는 회사도 많아졌다. 업무 환경과 작업 방식이 과거와 전혀 딴판인 세상이다. 그런데 아직도 사람들에게는 '정규직이어야 안심이 된다.' 하는 인식이 팽배해 있는 것 같다. 시대에 맞게 직업관도 변해야 하는데 고리타분한 옛날 방식을 버리지 못하는 것이다. 특히 일본의 젊은이들은 경제 버블이 터진 후 1990년대 중반부터 2000년대 초반까지 취업 빙하기를 겪으며 더욱 정규직에 목매고 있다.

그러나 오늘날엔 회사원이 돼서 좋은 점이 '하나도 없다.'라고 해도 과언이 아니다. 예전에는 종신고용과 연공서열이 일평생의 생계를 책임져줬다. 그러나 2008년 리먼 사태 이후 종신고용과 연공서열은 모두 붕괴했다. 대기업일지라도 언제까지나 안정된 월급과 대우를 받으리라는 보장이 없다. 언제 직장을 잃을지 모른다는 측면에서는 정규직도 파견직이나 아르바이트와 별반 다를 게 없다는 말이다.

유튜브든 글쓰기든 요리든 뭐든 다 좋다. 모르는 게 있다면 아낌없이 돈을 써서 새로 배우고 당장 시도하라. 자금의 여유가 있다면 당장 스타트업에 도전해도 좋다.

평범한 샐러리맨의 수가 줄어들면 소득 격차는 더 벌어지는 게 아니냐고 반문하는 사람들도 있다. 당연한 이야기이다. 유능한 사람이 시간을 자유롭게 쓰며 열심히 일하면 평범한 샐러리맨보다 몇 배는 더 벌 수 있다. 아니, 벌어야만 한다. 보상이 그 성과와 무관하게 균등하다면 누가 제 역량을 발휘해 최고의 성과를 일구려 노력하겠는가.

더 큰 성과에 더 큰 보상이 주어지는 것은 세상만사에 통용되는 자연법칙이다. 당신이 같이 협업하거나 외주 작업을 맡길 사람을 고른다 치자. 당신 역시 최고의 파트너와 일하고 싶지 않겠는가. 잘 생각해보면 능력과 무관하게 연공서열에 따라 보상이 주어지는 이전의 사회구조가 정말 이상한 형태였다. 능력 있는 사람에게 좋은 일이 몰리는 현상은 지극히 당연하고도 자연스러운 일이다.

그러니 더 이상 조직에 기대지 마라. 조직은 당신의 평생을 책임지지 않는다. 대신 그 불안을 새로운 기회로 여겨라. 오늘날 샐러리맨들은 자신의 능력에 맞는 일과 수입을 찾아 나설 수 있는, 좋은 기회를 맞았다고 생각하면 된다.

물론 회사에 소속되었을 때 얻는 이점도 있다. 한 예로 동료들과의 결속력을 들 수 있다. 같은 회사에서 근무하는 상사나 후임, 동료들은 일의 성과를 서로 나눌 수 있는 가장 가까운 전우이다. 기쁨을 공유하거나 격려하고 칭찬해주는 사람이 직장에 있다는 것은 나름의 동기부여가 될 수 있다.

유명한 회사, 명망 있는 회사에 다닌다면 더 높은 수준의 프로젝트를 추진할 수도 있다. 물론 인간관계에서 오는 다양한 스트레스는 있겠지만, 결국은 회사의 울타리 내에 있기 때문에 최소한의 지원은 해준다. 실수를 해도 최종적인 책임은 회사가 진다. 이처럼 조직의 이점도 분명 있다.

그런데, 별달리 관심도 없는 동료를 단지 같은 회사에 다닌다는 이유로 도와야 할까? 인간은 타인을 위해 살지 않는다. 다른 사람을 위해 헌신하며 얻을 수 있는 많은 이점도 있지만, 그것이 목적이 되는 순간 아무리 좋게 포장해도 결국 자기희생이라고 부를 수밖에 없다.

결국 조직에 계속 머물다 보면 '모두를 위한 자기희생'이 대의가 된다. 개인의 의지나 의견은 묵살돼 점차 '자기 자신'에게 무뎌지고 만다. 결속력과 전우애를 비롯한 수많은 이점이 있다 하더라도, 나는 이런 환경에 찬성할 수 없다. 내가 없다면 그 무엇도 의미가 없다. 각자 마음의 중심에는 자기 자신이 있어야 한다.

사람은 항상 자기가 하고 싶은 일을 하며 살아야 한다. '무엇을 하고 싶은가?', '어디에 가고 싶은가?', '무엇을 좋아하는가?'를 끊임없이 자신에게 묻고 이를 위해 필요한 실천을 대담하게 반복해가야 비로소 인생이 풍요로워진다.

나는 집 살 돈으로 자유를 샀다

결혼한 사람 중에는 "집은 꼭 사야 한다."라고 말하는 이가 여전히 많다. 지방에 사는 부부일수록 이러한 경향은 더 강하다. 자식을 낳아 안전하게 키우는 것은 부모의 역할이고, 이 역할에 충실하기 위해 집은 '안정된 곳'이어야 한다는 본능에 따르는 포유류의 특징일지도 모른다.

나도 결혼했을 때 전처의 말을 듣고 집을 샀다. 그러나 결혼 생활 2년 만에 이혼하고서 바로 팔아버렸다. 좋은 조건의 물건이었기 때문에 거의 손해를 보지 않은 게 그나마 다행이었다. 이 경험 때문만은 아니지만 직접 사봤던 입장에서 집이 꼭 있어야 한다는 주장에는 더욱 동의할 수 없다. 요즘 같은 세상에 집을 소유할 필요는 전혀 없다.

이럴 때 자주 듣는 이야기가 "월세로 내는 돈이 아깝다." 이다. 그러나 이는 집을 매입할 때의 위험성을 전혀 이해하지 못한 생각이다. 수억대의 대출은 그 원금만으로도 커다란 리스크가 있는데, 혹여나 금리가 상승이라도 하면 그 대출 이자를 갚기도 빠듯해진다. 고정적인 월세와는 비교할 수 없을 정도의 하이 리스크인 셈이다. 나아가 고정자산세는 내지 않을 방도도 없다. 땅값 역시 경기에 따라 요동치는 폭이 커 필요할 때 쓸 수 없는, '죽은 돈'이 되고 만다.

건물의 감가상각도 고려해야 한다. 자산의 감가율은 물론이고, 실제 생활환경의 쾌적함을 유지하기 위해서는 벽과 지붕, 싱크대 등을 정기적으로 수리해야 한다. 그뿐만이 아니다. 집을 사면 생활양식에 변화를 주기 어렵다. 젊을 때는 문제가 되지 않던 집 구조가 점차 늙어가는 몸에 맞지 않을 수 있다. 젊을 때는 신경도 쓰지 않던 문턱이나 계단이 점점 힘들어져 결국 문턱을 없애는 공사를 해야 할 수도 있다. 더군다나 30대의 감각으로 고른 집이 유행에서 얼마나 빠르게 밀려날지도 생각해볼 만한 문제다. 한 집에서 몇십 년 후에도 기분 좋게 살 가능성은 여러모로 그리

크지 않을 것이다.

당연한 이야기일 수 있지만, 가장 큰 단점은 주거지의 변동이 쉽지 않다는 점이다. 평생직장의 관념이 무너진 이후로 언제 어디로 출퇴근을 하게 될지 모르는 시대가 되었다. 이런 상황에서 한번 집을 사면 이사가 쉽지 않다는 점은 엄청난 리스크이다. 언급한 예처럼 집 안 구조에 변화를 주고 싶거나 천재지변으로 집이 망가졌을 때, 또는 이웃과 문제가 생겼을 때도 집이 팔리지 않으면 어쩔 도리 없이 계속 살아야 한다. 좋든 싫든 한 집에서 평생 살아야 하는 경우도 있을 것이다.

급변하는 시대에 수입, 건강, 가족, 인간관계 등 소중하게 생각하는 모든 것이 이전처럼 계속 유지되리란 보장이 없다. 특히 일본에 사는 한 천재지변에서도 자유로울 수 없다. 이러한 이유로 자기 집을 소유하는 것은 여러 의미에서 상당히 큰 리스크를 짊어지는 것이다. '내 집=행복'이라는 가치관은 이미 철 지난 환상이다. 앞으로는 쾌적한 주거 환경을 찾아 자유롭게 이동하며 살자. 라이프 스타일에 따라 집을 계속 바꿔 사는 것이 가장 좋은 방법이다.

나는 몇 년 전부터 집이 없다. 이혼 후 오랫동안 아파트 생활을 했는데 라이브도어 사건으로 수감되면서 계약을 해지한 이후로는 줄곧 호텔에서 생활하고 있다. 나는 원래도 사업 때문에 국내외 이동이 많아 집에서 보내는 시간이 길지 않았다. 짐은 여행 가방 몇 개면 충분해서 이 가방 몇 개를 둘 공간만 있으면 된다.

집을 살 이유가 내겐 전혀 없다. 계속 이동하면서 쾌적한 생활을 유지하는 데는 호텔이 제격이다. 어느 정도 벌이가 있다면 매일 청소와 정리가 보장되고 훌륭한 식사까지 제공되는 호텔을 마다할 이유가 없다. 무엇보다 열중할 수 있는 무엇인가를 끊임없이 찾아 매일매일을 하고 싶은 일에 매진하며 보내고 있다면 자연스럽게 집이 필요 없다고 느끼게 될 것이다.

빌려준 돈은 이미 버린 돈이다

돈을 쓰고 나서 뒤늦게 후회하는 사람이 많다. 돈을 쓸 때는 좋았지만 시간이 지나면서 '그렇게까지 안 줘도 되는 거였는데…', '더 싸게 살 수도 있었는데…', '괜한 돈을 썼나?'라며 끙끙 앓고 후회하기도 한다.

그중에서도 가장 후회하는 때는 바로 돈을 빌려줬을 때이다. 거절하기 어려운 상대가 울면서 돈을 빌려달라고 하면 마지못해 빌려주게 된다. 약속대로 돈을 돌려받으면 문제없지만, 상대가 차일피일 상환을 미루면 골치 아파진다.

종종 얼굴을 마주쳐야 하는 상대에게 돈을 갚으라 할 때 "아, 조금만 더 기다려줘."라든가 "아직 마련을 못 했어."라며 계속 핑계를 대면 마음이 여간 불편한 것이 아니다. 그러다 "그 정도도 못 기다려 주냐? 야박하다!"라며 적반하장으로 나오면 스트레스가 머리끝까지 치민다.

최악의 경우 돈을 떼일 때도 있다. 연락이 끊기거나 "내가 빌렸었나?"라며 기억 안 나는 척하거나 "차용증 있어?"라며 막무가내식으로 나오기도 한다. 개중에는 빌린 돈 대신이라며 원치 않는 그림이나 가구를 내미는 사람도 있고, 일을 잠깐 도와주고는 "이걸로 빚은 퉁 치자!"라며 자기 마음대로 없던 일로 해버리는, 도라에몽에 나오는 '퉁퉁이'만큼이나 몰염치한 인간도 있다.

오랜 절친도 돈 문제가 얽히면 우정은 한순간에 깨진다. 상대방에 대한 애정이나 신뢰가 아니라 일 때문에 어쩔 수 없이 빌려준 경우라면 분노는 더 커진다. 돈을 떼이면 돈을 돌려받지 못해서도 스트레스받지만, 상대가 자신을 '돈을 안 갚아도 되는 사람'으로 우습게 봤다는 것 때문에 더 스트레스를 받는 것이다.

괴롭지만 잊는 게 상책이다. 빌려준 금액을 꼭 돌려받아야 하는 상황이라면 법적으로 대응하는 방법도 있지만,

상대에게 변제 능력이 없을 때는 이마저도 소용이 없다. 떼인 돈은 돌아오지 않는다. 처음부터 없던 셈 쳐야 마음이 편하다.

그렇다고 돈을 절대 빌려줘서는 안 된다는 이야기는 아니다. 나도 여러 번 돈을 빌려준 경험이 있다. 대신 마음가짐을 달리한다. 돈을 그냥 줘도 괜찮다고 생각하는 상대에게만, 가벼운 마음으로 빌려준다. 이런 경우는 진심으로 신뢰하는 상대인 덕에 오히려 돈을 떼일 가능성도 낮다. 그럼에도 간혹 돈을 떼이기도 하지만, 애당초 준다는 마음이었기 때문에 전혀 마음에 두지 않는다.

'이 사람은 줘도 상관없어.'라든가 '이 정도 금액은 괜찮아.'라고 생각되면 돈을 빌려줘도 괜찮다. 단 조금이라도 주저하는 마음이 고개를 내민다면 절대 빌려주지 마라. 돌려받아야 본전이고 떼이면 분한 마음을 가라앉히기 어렵다.

단, 돈을 떼먹은 사람과는 확실하게 인연을 끊어야 한다. 남의 돈을 떼먹고도 아무렇지 않은 사람을 계속 만날 이유는 없다. 혈연이든 절친이든 업무상 관계자이든 확실하게 인연을 끊어라. 작가이자 승려인 무카이다니 다다시는 이렇게 말했다.

"인간관계란 '나'라는 배의 바닥에 들러붙어 있는 따개비나 조개껍질 같은 것이다. 인생이라는 망망대해를 건너는 동안 필연적으로 끼게 마련인데, 신경 쓰이는 것이 있다면 직접 긁어내면 된다."

우리는 인생이라는 배를 항상 앞으로 저어가야 한다. 돈 관계가 지저분한 사람은 항해에 방해되는 따개비나 조개껍질일 뿐이니 주저하지 말고 긁어내라.

생명보험 대신 금융공부

결혼하면 신혼 초에 아내가 남편의 생명보험을 들곤 한다. 한 가정의 가장이 만에 하나 불의의 사고를 겪더라도 남은 가족이 경제적으로 어려움을 겪지 않도록 대비하려는 것이다.

보험은 그 종류에 따라 매달 몇만 엔 정도의 돈을 계속 내야 한다. 만일의 사태가 벌어지지 않으면 낸 보험료는 돌려받지 못한다. 실제로 벌어질지 알 수 없는 사태에 대비해 매달 몇만 엔이나 되는 돈을 몇 년 또는 몇십 년 동안 붓는 것이다.

이 얼마나 어리석은 일인가? 하나밖에 없는 생명에 보

험을 드는 것 자체가 께름칙하지 않은가? 게다가 사람 목숨에 고작 그 정도의 가격표가 붙는다는 사실이 서글프지 않은가?

나는 보험이 하나도 없다. 결혼하자마자 전처가 생명보험과 교육보험 외에도 몇 가지 보험을 들자고 졸랐다. 들지 않겠다고 겨우 설득했지만 정말 갑갑했다. 죽고 나면 남은 가족들 걱정이 안 되겠냐는 사람들도 있는데, 죽은 뒤까지 걱정할 필요는 없다. 사실 죽는 것은 생각도 하고 싶지 않다. 그것이 내 목숨에 가격표를 붙이는 일이라면 더더욱.

혹시라도 가족이 정말 걱정된다면 그에 대한 대비책은 따로 있다고 생각한다. 나는 차라리 보험이 아니라 남겨진 가족이 고생하지 않을 정도의 재산을 남겨줄 생각이다. 모자라지 않을 만큼 남겨줄 자신도 있다.

생명보험은 어떤 종류든 추천하고 싶지 않다. 보험의 기원은 도박에서 찾을 수 있다. 세계에서 가장 오래된 생명보험회사는 영국의 '런던로이즈Lloyd's of London'이다. 런던로이즈는 장거리 항해를 떠나는 선원들이 찾던 런던의 카페였는데, 17세기 말 카페를 드나들던 손님들 사이에서 '선박이 무사히 항구로 돌아올지'를 두고 내기가 유행했다. 당시에는 선박의 수준이 조악하고 항해 기술도 충분히 발달하지 않아 운항을 나갔다가 돌아오지 못하는 배가 많았다. 그래서 이런 내기가 성립할 수 있었다. 이때 카페에서 유행한 내기가 차츰 사업으로 발전해 오늘날의 런던로이즈에 이르렀다. 그러니 생명보험의 본질은 도박이라 해도 과언이 아닌 셈이다.

생명보험은 적지 않은 판돈을 내고 자신의 생명을 거는 도박이다. 생명보험은 꼭 들어야 한다는 말은 소중한 생명을 도박판 위에 올려둬야 한다는 말과 다르지 않다.

게다가 생명보험은 보험료에 비해 보험금이 터무니없이 낮다. 도박이라 치면 판돈에 비해 보상의 기댓값이 보잘 것없다는 뜻이다. 보험회사가 돈을 너무 많이 떼어가기 때문인데, 잘 살펴보면 보험회사 운영의 경비 대부분이 이용자에게 전가되는 구조로 설계되어 있다.

보험 가입자가 불필요한 비용을 지나치게 많이 부담하고 있다는 사실이 교묘하게 가려져 있다. 내가 볼 때 보험은 가족을 위하는 마음과 불안에 대한 걱정을 악용한 도박에 불과하다.

보험의 부정적인 부분만 늘어놓았지만, 혹시 모를 상황에 대비해 가족을 걱정하는 마음을 부정하는 건 아니다. 생명보험으로 마음의 불안을 덜 수 있다면 원하는 만큼 보험료를 내도 좋다.

다만 진짜 문제는 생명보험, 아니 나아가 금융 시스템의 원리를 이해하고 저마다의 기준에 따라 판단할 수 있는 교육이 전혀 이루어지지 않고 있다는 점이다. 세상 사람들은 보험상품뿐 아니라 돈의 메커니즘에 대한 무지로 불필요한 지출을 강요당하고 있다. 모두가 돈의 본질을 공부하고 합리적으로 의사결정을 하면 더욱 좋겠다. 불안을 근본적으로 꺼뜨리기 위해서는 생명보험보다 금융공부가 더 시급하다.

꿈을 꿈으로 끝내지 않기 위해서는 현실을 직시하고 대책을 끝까지 찾아내야 한다. 멈추지 않는 의지가 무엇보다 중요하다.

———

나는 지금까지 저축 대신 경험에 투자했고, 돈으로 산 그 경험들은 이제 그 곱절의 돈을 내도 결코 재현할 수 없다. 저축으로 눈앞의 불안을 조금 덜 수 있을지는 몰라도 시간을 되돌릴 수는 없다.

2. 행동 혁명

원 없이 놀아본 사람만이
한계를 뛰어넘는다

'즐기는 시대'가 온다. 세상은 놀라운 속도로 바뀌고 있다. 일은 잊어라. 제대로 미쳐보라. 뒤쫓는 자는 급변하는 시대에서 결국 도태된다. 즐기는 자는 바뀌는 풍경을 유유히 감상하고 온전히 누린다.

일단 무엇이든 시작해야 의욕도 생긴다

나는 재미있는 일에 파묻혀 살고 있다. 하고 싶은 일이 끊이지 않는다. 재미있는 일을 닥치는 대로 하다 보면 하고 싶은 일이 기하급수적으로 늘어난다. '재미있는 일'과 '하고 싶은 일' 속에서 생활하다 보면 여유가 생길 틈이 없다. 그래서 언제나 시간을 짜내고 또 최적화하려 애쓴다. 돈은 아무래도 상관없다.

가장 고통스러운 것은 재미있는 일을 놓치거나 기회를 잃는 것이다. 그런 일이 발생하지 않게 항상 먼 곳도 마다하지 않고 가서 새로운 정보를 얻고, 항상 색다른 자극을 주는 지인들을 만나 신경의 감도를 유지할 수 있게 노력한다.

이렇게 말하면 '나는 재미있는 일이 하나도 없는데?' 하고 받아치는 사람도 있다. 재미있는 일이 없다는 사람은 단순하게 이야기해 신경의 감도가 떨어질 대로 떨어졌다는 의미이다. 이런 사람은 '할 일'을 꾸준히 하지 않고 새로운 '도전'도 하지 않는다. 그래서 새로운 정보에 둔하고 색다른 자극도 없어 신경의 감도가 떨어지는 것이다. 이런 상황이면 자기 삶을 시시하게 만드는 건 결국 자신이라 말할 수밖에 없다. 새로움과 색다름이 없는데 어떻게 재미있는 일이 생기겠는가.

그런 사람에게 나는 일단 무슨 일이든 해보라고 말한다. 뭐든 해봐야 재미가 있는지 없는지도 알 것 아닌가? 게다가 무엇이든 닥치는 대로 하다 보면 생각지도 못한 한두 가지는 반드시 성공하게 돼 있다. 아주 사소하더라도 성공을 맛보면 그 일 자체가 즐거워지고 없던 의욕도 다시 생겨난다. 긍정적인 자극은 또 신경의 감도를 높이고 두근두근하는 설렘과 희열을 느끼게 할 것이다. 이 지점에서 삶의 선순환이 시작된다.

과거에는 별로라고 느꼈던 일도 새로이 접할 때면 흥미롭게 느껴질 수도 있다. 나는 학창 시절에 골프에 전혀 흥미가 없었는데, 창업 후 친한 지인들을 따라 골프장에 갔다가 흠뻑 빠지게 됐다. 지금은 해외여행 중에도 좋은 코스가 있으면 어떻게든 시간을 내 코스를 돈다.

또 익숙한 일을 새로운 방식으로 풀어내거나 사업적으로 이어보며 재미있는 일을 벌일 때도 있다. 예를 들어 '마피아 게임'처럼 한 번 배운 뒤 중독돼 이를 사업에 접목하기도 했다.

내가 다른 사람들보다 재미있는 일이 많은 것은 타고난 호기심 덕도 있지만, 일단 저지르고 보는 성격 탓이 크다. 하고 싶은 일이 생기면 절대 뒤로 미루지 않는다. 할 수 있을 때 그 순간을 놓치지 않고 하는 것이 중요하다. '과연 할 수 있을까?'라며 주저해서는 안 된다. '할 수 있어, 하면 되지.' 하는 마음을 다지고 자신을 굳게 믿으며 일단 해보는 것이다. 근거 따위 필요 없다.

나는 20대 때부터 크고 작은 사업을 해왔는데, 현재까지도 순조롭게 진행 중이다. 앞서 이야기한 우주 사업은

'JAXA(일본 우주항공연구개발기구)'와의 협업이 진행 중이고, 와규 커틀릿 샌드위치 전문점인 '와규마피아'는 해외 진출 계획을 수립하고 있다.

우주 사업과 요식업을 시작할 무렵 '내가 과연 할 수 있을까?'라는 걱정은 전혀 하지 않았다. 머릿속에는 '한다!'라는 생각밖에 없었다. 주위에서는 "어쩌려고 그러냐?" 하는 걱정은 물론이고 "호리에몽 무리수 둔다." 하는 비판도 쏟아졌다. 그러나 나는 전혀 개의치 않고 밀어붙였고, 그 결과 지금의 단계까지 사업을 올려놓을 수 있었다.

다른 사람의 눈을 신경 쓰거나 가능성과 장래성에 대해 고민하는 것은 시간 낭비이다. 어떤 일이든 가능하다는 전제하에 '가능한 이유'만을 보고 달려야 한다. 어차피 안 되는 일이라도 먼저 포기하지 말고 "나는 할 수 있다! 하면 된다!" 하는 확신을 가지고 움직이자. 성공의 방법은 확신을 갖고 움직이는 과정에서 찾기도 한다.

물론 내가 아무리 힘주어 얘기해도 실제로 움직이는 사람은 한 줌도 되지 않는다. 내가 쓴 책은 여러 권이 베스트셀러에 올랐지만, 10만 부가 팔렸어도 내가 하라는 대로 직접 무엇인가에 도전해본 사람은 1,000명도 되지 않을 것이다. 그런 의미에서 무엇이든 '해보는 사람'은 도쿄대 합격생 이상으로 좁은 문을 통과한 '될 사람'이라 할 수 있다. 잔뜩 움츠리고 걱정에 파묻혀 있는가? 아니면 작은 것이라도 무언가 하고 싶은 일을 해보았는가? 후자라면 당신은 이미 '될 사람'이다.

'용돈'에 맞춰 살지 말고 '계획'에 맞춰 산다

회사원 중에는 아내에게 월급 통장을 맡겨놓고 사는 사람이 많다. 월급을 아내가 관리하면 남자가 마음대로 쓸 수 있는 돈은 용돈뿐이다. 남자들은 이 불편한 상황을 어쩔 수 없이 받아들이고 매달 정해진 돈으로 담배나 사 피우는 자신의 처지를 자조하곤 한다. 이런 현실은 독신의 젊은 남성들이 결혼을 주저하게 만드는 이유 중 하나일 것이다.

결혼을 생각하는 연인이 있어도 결혼 후 용돈이나 받으며 살고 싶지는 않은 것이 남자들의 속마음이다. 반면 결혼도 하기 전부터 예비 남편이 벌 돈을 자신이 관리하고 싶어 하는 여성이 의외로 많다. 누가 돈을 관리할지를 두고 파혼 직전까지 갔다는 이야기는 하도 많이 들어서 이제 지루할 정도이다.

　대부분의 경우 남편이 부인을 설득하다 지쳐 결국 용돈을 받기로 타협한다. 하나 이 작은 실랑이 끝의 결정은 향후 남자에게 최악의 결말로 다가온다. 회사에서 월급이 아무리 올라도 남자의 몫이 늘어날 일은 거의 없다. 월급이 얼마가 오르든 지출의 모든 결정권은 아내에게 넘어가 있기 때문이다. 되레 아이의 육아비나 집의 대출금 상환 등을 이유로 용돈이 더 줄어드는 경우가 보통이다.

　용돈으로 생활하는 회사원들은 싸구려 규동이나 500엔짜리 런치 메뉴로 점심을 때우고, 잔돈만 가득한 지갑을 들여다보면서 매일 한숨 쉬며 살아간다. 정말 너무하지 않은가? 가장이라는 이유만으로 자신의 근로소득을 온전히 상납하고, 쥐꼬리만 한 용돈으로 하루하루를 견뎌야 하는 상황이 나로서는 전혀 이해가 가지 않는다.

　보통의 남편, 보통의 아빠는 다들 그렇게 참으면서 살아간다고 말할지 모르겠다. 하지만 왜 아내와 아이들을 위해 남자가 희생하는 것을 당연하게 여겨야 하는가? 그런 상황을 꿈꾸며 결혼식장에 들어가는 남자는 세상에 아무도 없다. 아내와 아이들의 관점에서도 이것은 중요한 문제이다. '어쩔 수 없다.'라는 이유로 희생을 참고 견디는 남편이나 아버지를 아내와 아이들이 사랑할 수 있겠는가?

실은 나도 그대로 겪은 일이다. 결혼하자마자 전처가 "당신 월급은 제가 관리할게요."라고 했다. 별생각 없이 '보통은 아내가 남편의 돈을 관리한다.'라는, 이해할 수 없는 상식을 늘어놓고 있다는 느낌밖에 들지 않았다.

순간 눈앞이 캄캄해지고 어이가 없어 말도 나오지 않았다. 당시 아내는 20대 초반이었던 내가 사업으로 수억 엔의 돈을 움직이고 있다는 걸 잘 알고 있었다. 그때까지 가계부도 제대로 써 본 적 없는 젊은 여성이 관리할 수 있는 규모가 아니라고 설득했지만, 그녀는 좀처럼 말을 듣지 않았다.

단언컨대 아내가 돈을 관리하고 남편은 용돈을 타 쓴다는 관념은 지난 세대가 남긴 시대착오적 유물이다. 지난 세대에는 남녀의 역할이 구분되어 남자는 샐러리맨으로 돈을 벌어오고, 여자는 집안일을 하기에 남자의 근로소득을 중심으로 생계를 꾸리는 게 당연했다. 하지만 오늘날은 남자든 여자든 자유롭게 경제활동을 하고 저마다 소득을 창출하며, 또 관리하는 시대가 되었다. 그러니 각자가 벌어 집안 공동의 일에는 일정 금액을 서로 부담하고, 이외의 수입은 각자 관리하는 쪽이 합리적인 방식이다.

돈을 많이 번다는 뜻은 큰돈을 관리하고 있다는 뜻이기도 하다. 돈을 많이 벌고 큰돈도 관리해본 사람이 비교적 덜 벌고 큰돈도 관리해보지 못한 배우자에게 자기 수입을 넘기는 것은 어떻게 봐도 부당하다. 용돈을 강요받는 쪽은 틀림없이 벌이가 더 좋은 쪽일 것이다.

혹시 오해할까 봐 덧붙이자면, 이 말은 사람을 경제력으로 차별해야 한다는 의미가 아니다. 아내의 연봉이 남편의 몇 배가 됐든, 남편이 아내의 제안을 받아들이든 '용돈을 받아 쓰는 것이 당연하다.'라는 주장 자체가 틀렸다는 이야기이다.

용돈이라는 말은 그 어감에서부터 가난의 냄새가 난다. 쓸 수 있는 돈의 상한을 정해놓고 아껴서 쓰는 것이 현명하다는 주장은 옛날 도덕책에서 설파하던 미덕에 불과하다. 내가 알아채지 못한 어느 지점에서는 현명한 부분이 있을지 모르겠지만, 현대사회를 살아가는 어른이 따를 만한 미덕은 분명 아니다. 용돈을 받아 쓴다는 것은 하고 싶은 일을 다 하면서 살 수는 없다는, 그릇된 생각에서 비롯된 발상에 불과하다.

죽을 때까지 자기관리를 해야 하는 이유

지하철 광고로 자주 보이는 영어학원에 다녀서 영어를 잘하게 된 사람은 많지 않을 것이다. 어느 정도의 회화 레벨을 희망하느냐에 따라 다르겠지만, 영어학원에서 만족할 만큼 회화 실력을 키우기란 상당히 어려운 일이다.

영어 회화를 배울 때 학원 다닐 돈이 있으면 그 돈으로 영어권 국가를 많이 가는 것이 낫다고들 하는데, 직접 경험해본 입장에서 듣기에 정말 맞는 말이다. 학문으로서 어학을 공부하고 싶다면 전문 기관에 다니는 것이 좋다. 그러나 일반적인 영어 회화 정도를 희망한다면 해외여행을 가는 횟수를 늘리는 정도로도 충분하다. 살아있는 영어를 짧은 기간 내에 익히고 싶을 때는 영어밖에 못하는 외국인을 사귀면 된다.

나는 영어를 전문적으로 배운 적은 없지만, 평소에 영어 때문에 불편한 일도 없다. 해외 사업을 추진하면서 비즈니스 영어를 할 기회가 많아 자연스럽게 영어 훈련이 됐다. 최근에는 앞서 이야기한 '와규마피아'의 팝업 스토어를 해외에서 열고 있다. 현지의 셰프와 영어로 의견을 나누다 보니 영어 실력이 더 좋아졌다. 그저 막연하게 영어를 잘하고 싶다는 생각만으로는 실력이 쉽게 늘지 않는다. 영어로 말해야만 하는 환경에 자신을 내던지고, 반드시 영어를 써야만 한다는 의지가 있을 때 그 실력이 는다.

영어를 배우려는 마음은 훌륭하다. 나중에 외국에 나갈 때를 대비해 영어학원부터 다녀야겠다면 그것도 좋다. 어떤 이유에서든 배우려는 의지와 이를 위한 행동 자체가 의미있다.

개중에는 젊은 여성과의 만남을 기대하고 영어학원에 다니는 남성도 있다고 한다. 이것도 좋다. 성공하든 그렇지 않든 배움으로 이어지는 인연을 믿고 행동하는 것 자체는 잘못된 것이 아니다. 분명 무엇인가 달라지기 시작할 것이다. 가장 안 좋은 것은 배우려고도 행동하려고도 하지 않는 것이다.

배움과 놀이는 해본 만큼 경험이 쌓인다는 점에서 같다. 사회인이 자격 취득을 위해 학교에 다니거나 틈만 나면 미팅을 나가는 것이나, 이 경험들을 사업에 활용하기 위한 투자라고 생각하면 그 효과가 크게 다르지 않다.

심지어 살다 보면 배움도 좋지만, 놀이의 투자 효과가 더욱 크다는 것을 깨닫는 순간도 온다. 고생해 취득한 자격증보다 미팅에서 만난 여성이 이야기한 요즘 유행이 사업 아이템으로 활용될 가능성이 크다. 인생은 배움에 대한 의지만으로는 부족하다. 그런 의미에서 계속 놀고 싶은 욕망을 유지해야만 한다.

무엇보다, 남자는 결혼 후에도 자기관리를 해야 한다. 이제 결혼식을 치르고 일평생 함께하기로 약속한 여자가 생긴 안정감은 알겠다. 하지만 연애 시장에서 내려와 이 안정감에 빠지고 나면 남자는 대부분 아저씨가 돼버린다. 불룩한 배에 스타일 관리는커녕 흔해 빠진 싸구려 양복을 두르고 아내가 사준 양말을 신는다. 결혼 전에는 종종 피부과에도 다니던 스타일 좋은 남자는 온데간데없고, 최소한의 관리도 하지 않는 배불뚝이 아저씨가 되는 것이다.

물론 불편한 것은 없을 것이다. 그렇지만 배가 나오건 머리가 지저분하건, 자기만 봐주는 사람이 있다는 이유로 자기관리에 완전히 손을 놓으면 안 된다. 적어도 바지 정도는 직접 사 입으라고 말하고 싶다. 자기관리를 놓은 아저씨가 된다는 것은 사고 정지 상태에 빠졌다는 위험신호와도 같다.

결혼 후 연애 시장에서 내려와 자기관리를 포기한 아저씨 중에 일을 잘하는 사람은 한 명도 못 봤다. 오해하지 않기를 바란다. 애처가가 나쁘다는 말이 아니다. 우수한 사람들은 대체로 아내에게 사랑받는 동시에 자기관리에도 철저해 주변 사람들에게도 인기가 많다는 이야기이다. 주변의 시선을 의식하고 그 기대에 부응하려는 사람의 성과가 좋은 것은 어찌 보면 너무 당연한 이야기일지도 모른다.

모텔 말고 이왕이면 고급 호텔로

나는 고등학교 때까지 한 번도 여자친구를 사귄 적이 없었다. 열여덟 살까지 동정이었다. 도쿄대에 합격해 예쁜 여자와 연애하는 것이 목표였다. 도쿄대에 합격했고 연애할 마음에 한껏 부풀어 있던 그때, 나에게 문제가 있다는 사실을 깨달았다. 나는 여자 앞에만 가면 말문이 막혔다.

나는 중고등학교 모두 남학교를 나왔다. 남학생들 사이에서만 생활하다 보니 자연스럽게 여자를 대하는 법을 잊은 것이다. 그야말로 완전 비호감이었다. 엄밀히 말하면 아예 대화를 시도조차 못 했으니 호감 비호감을 따질 단계에도 못 미쳤다.

가끔 여자들이 말을 걸어와도 '촌놈이라고 바보 취급하면 어쩌지?', '재수 없어 하면 안 되는데.'라는 공포감에 온몸이 오그라드는 느낌이었다. 강의실에서 여학생 옆에 앉기라도 하는 날에는 안절부절 어찌할 바를 몰랐다. 어지간히도 어리바리했던 것 같다.

예쁜 여자친구와 보내려던 대학 생활은 현실과 한참 멀었다. 꿈에 그리던 도쿄대생이 됐지만, 그것만으로는 아무것도 할 수 없었다. 남자로서의 매력이 얼마나 떨어지는지 혹독하게 실감해야 했다. 그때 느꼈던 비참함은 지금까지도 생생하다.

얼마 지나지 않아 아르바이트로 학원 강사를 하면서 예쁜 여자친구가 생겼다. 그 이후로는 여자들과 이야기하는 것이 편해져 많은 연애를 경험할 수 있었다. 어른이 된 지금 나는 그때의 내가 왜 그랬는지 안다. 18살의 나는 자신이 없었을 뿐 아니라 '여자가 차갑게 대하면 상처를 받게 될 자신'을 지키려 했던 것이다.

'남학교에서 공부만 했으니 어쩔 수 없지.', '마음만 먹으면 언제든 여자친구 정도는 만들 수 있다!'라며 마음속으로 허세나 부리고 있었다. 물론 이 또한 지금은 알고 있다. 허세 없는 남자가 인기 있다는 것을. 그리고 여자에게 말을 걸 때는 어떤 일이 있어도 당당해야 한다. 이보다 확실한 연애의 성공법은 없다.

40대 중반을 넘어선 지금도 나는 연애를 쉬지 않고 있다. 나보다 젊고 잘생긴 남자는 넘치도록 있고, 재력과 사회적 지위를 무기로 삼는 아저씨도 많다. 그래서 나는 여자에게 말을 걸 때 항상 정공법을 쓴다. 보기 좋게 깨지기도 하지만 그렇다고 기죽거나 하지 않는다.

좋아하는 여자에게 좋아한다고 말하기를 주저해서야 되겠는가? 거절당할지 모른다는 불안이나 부끄러움은 떨친 지 오래다. 나는 상대방이 잘 넘어올 스타일인지 아닌지 미리 재고 따진 후에 다가가지 않는다. 좋으면 말을 걸고 관심 없을 땐 말도 붙이지 않는다. 복잡할 것이 하나도 없다.

경험이 많아도 고백할 때는 여전히 망설이는 마음이 생긴다. 이럴 때면 약간의 용기가 필요하다. 그래도 나는 '여긴 내 세상이야. 내 생각대로 되게 돼 있어!'라고 강하게 믿고 정면으로 부딪쳐 상대를 어떻게든 설득한다. 내 생각이 현실이 될 거라는 믿음과 간절한 마음이 중요하다.

노파심에 덧붙이자면, 혹시라도 여자를 힘으로 어떻게 해보려고 하면 절대 안 된다. 어떤 일이 있어도. 여자가 마음을 받아주기를 바란다면 최소한의 예의는 지켜야 한다. 먼저 청결해야 한다. 여성들은 본능적으로 지저분한 것과의 접촉을 싫어한다. 즉, 지저분한 남자는 제일 먼저 아웃이다. 손톱을 깎고 수염과 눈썹과 코털 정리도 하고 옷도 깔끔하게 입고서 대화를 시도해야 한다. 이것만 지켜도 이성으로서의 호감도는 상당히 올라간다.

다음으로 중요한 것이 어른스러움이다. 여성들은 자신과 아이를 지켜줄 여유가 있는 남성에게 끌리게 돼 있다. 키 크고 잘생긴 데다가 근육질의 몸매라면 당연히 좋겠지만, 그렇지 않더라도 사회적으로 안정돼 있고 나름의 지식과 경제력이 있으면 풍요로운 어른의 분위기를 자아낼 수 있다. 청결함과 어른스러움, 이 두 가지만 갖춰도 남성으로서의 매력은 상당히 올라갈 것이다.

마지막으로, 성인 남자라면 여성을 본격적으로 설득할 때 고급 호텔로 데려갈 수 있는 정도의 능력은 있어야 한다. 좋아하는 여성에게 화려하고 아름다운 장소에서 최고의 서비스를 경험하게 해주는 것은 남자의 역할 중 하나다.

이런 서비스 정신은 여성에게 확실하게 호감을 줄 수 있고,
나아가 사업적으로 도움 될 때도 적지 않을 것이다.

재미있는 술자리는 무조건 간다

유튜브 '호리에몽 채널'을 시작하면 무엇부터 할 거냐는 질문을 들은 적이 있다. 나의 대답은 간단했다. 시작할 당시에 누구를 만나고 어떤 발상이 떠오르느냐에 따라 결정할 것이다. 구체적인 계획 따위는 없다. 쉽게 말해 유행을 따르겠다는 말이다.

예전에 내가 쓴 책에서 '아프리카에서 블록체인을 이용한 금융 서비스를 출시해보고 싶다.'라고 한 적이 있다. 아프리카의 금융 서비스와 관련한 기회는 아직 내게 오지 않았다. 그렇다고 아프리카에 금융 서비스를 출시하겠다는 계획을 완전히 포기한 것은 아니다. 앞으로 지인을 통해 아프리카 국가 중 어딘가에 줄이 생기면 계획을 추진할 가능성은 지금도 유효하다. 아프리카는 아직 금융 서비스가 발달하지 못한 지역이다. 어느 나라를 타깃으로 할지 정하기 위해 시장을 엄밀히 분석할 필요는 없다. 불어가 유창한 금융 전문가와 친분을 쌓게 된다면 불어권 아프리카 국가들을 둘러보기 위해 찾아가게 될 수도 있다. 이처럼 우발적이거나 또는 개인적인 동기에서 착수 여부를 결정하는 것으로도 충분하다. 중요한 것은 발상과 만남이다.

계획을 열심히 세워도 사업은 당일 그 순간의 조건이나 환경에 따라 승산이 달라진다. 예상치 못한 사고는 언제든 일어날 수 있다. 좋은 일이든 나쁜 일이든 정확하게 예상하는 것은 불가능하다. 그래서 도전이 재미있는 것이도 하다. 기회가 오면 예상치 못한 상황을 즐긴다는 생각으로 새로운 사업에 뛰어들면 된다.

술자리도 마찬가지이다. 대학 동아리 모임 등 옛 친구들과의 술자리는 무시해도 된다. 하지만 사업으로 연결될 수 있고 조금이라도 재미있다고 느낀 사람이 초대하는 술자리에는 가능한 참석하는 것이 좋다. 가보고 재미없으면 두 번 다시 가지 않으면 된다. 그때그때 떠오르는 발상과 만남에 몸과 마음을 맡기고 일단 행동으로 옮길 수 있는 의욕이 중요하다.

나는 정기적으로 '데리야키 프리미엄 스시 모임'을 주최하고 있다. 회비는 10만 엔이고 나를 중심으로 10명 미만의 멤버가 카운터석에 앉아 사업 이야기를 한다. 예약을 잡기 힘든 유명한 스시집에서 최상급의 스시를 즐기면서 말이다. 스시만으로도 본전은 충분히 뽑는 매우 유익한 모임이다.

회비가 비싸다 보니 멤버는 대개 부자이거나 사업가 등 성공한 사람들이다. 사업의 분야가 다양할 뿐 아니라 멤버들의 개성도 매우 강하다. 그런 사람들과 정보만 주고받아도 젊은 사람들은 돈 주고 살 수 없는 것들을 배울 수 있다. 나도 그 모임 멤버들과의 대화가 항상 기대된다. 사업 아이디어가 있는 멤버에게는 내가 상담을 해주기도 한다. 나의 사업 컨설팅을 10만 엔에 받을 수 있다는 것은 매우 파격적인 조건이다.

수준이 높고 재미있는 사람이 있는 술자리에는 적극적으로 참석하자. 그런 사람과는 대화 자체도 재미있지만 어떤 문제가 있을 때면 날카로운 시각으로 판단을 내려주기도 하니 유익함까지 챙길 수 있다.

예전에 이 모임에 교육 사업을 꿈꾸는 청년이 왔었다. 매우 성실한 성격에 확고한 비전이 있는 청년이었지만, 그의 외모와 말투에 문제가 있어 보였다. 인터넷상에서 온갖 낚시 글로 선량한 사람을 등쳐먹는 사기꾼 같은 느낌을 풍겨 첫인상이 좋지 않았다.

그런데 본인은 정작 이 사실을 모르고 있었다. "자네는 사람은 좋은데 외모 때문에 손해 좀 보겠어." 지나가듯 던진 이 조언을 그 친구가 새겨들었다면 어떤 조언보다도 큰 도움이 되었을 것이다. 이처럼 연배와 지위가 높은 이들의 기탄없는 조언을 들을 수도 있기에 이런 술자리를 가벼이 여길 수 없는 것이다.

결실이 없는 이유는 몰두하지 않았기 때문

나는 살면서 지금까지 부모님이나 선생님, 또는 연장자의 가르침을 따른 적이 단 한 번도 없다. 내가 충실히 따랐던 것은 오로지 무엇인가에 빠져드는 나 자신, 즉 '몰두하는 나'뿐이었다. 돈과 배움, 그리고 삶의 즐거움을 가르쳐준 것은 가정과 학교가 아니라 몰두한 경험이 전부이다. 나아가 몰두하는 태도야말로 나에게 많은 놀이뿐 아니라 새로운 사업과의 접점을 만들어줬다.

많은 사람이 자기가 갈 길을 잃고 있다. 타인이 깔아놓은 레일에 올라타는 것이 무의미하다는 것은 알지만 어떻게 경로를 바꿔 어느 길로 나아가야 좋을지, 즉 자신이 무

2. 행동 혁명

엇을 하고 싶고 어디에 몰입할 수 있는지 알지 못한다.

사회인 중에 결혼할 나이가 돼서도 갈피를 못 잡고 여기저기 기웃거리는 사람들을 많이 봐왔다. 그런 사람들은 자기 계발서를 탐독하거나 뭔가 수상한 세미나에 참석하기도 하고, 여타 업종의 사람들의 모임에 정기적으로 나가거나, 자격증을 따기 위해 학원에 다니기도 한다.

보통 사람들은 자기 계발서를 경시하고 명확한 목적 없는 세미나를 하찮게 여긴다. 그래서 위에 말한 '갈피를 못 잡는' 사람들이 하는 노력도 폄하하곤 한다. 하지만 무엇이든 생각에만 그치지 않고 실천하는 자세는 칭찬받아 마땅하다. 자기 계발서를 읽고 인생이 바뀌었다거나 세미나에 참석해 운명적인 만남이 있었다면 실천에 따른 보람이 있었던 것이니 이에 대해 "뭘 그런 걸 하느냐?"는 둥 주위에서 핀잔을 주거나 왈가왈부할 일은 아니다.

문제는 막연히 행동하며 아무런 결실도 맺지 못하는 사람이다. 이런 사람은 무엇을 하고 싶고 무엇을 원하는지 스스로 답을 찾지 못한 채, 그저 무언가를 하고 있다는 감각만으로 본인이 행동하고 있다고 생각한다. 하지만 목적 없는 행동이란 멈춰 있는 것이나 다름없다. 이런 상태에서는 그 행동에 몰두할 수 없기 때문이다.

스스로 실천할 이유와 그 답을 찾은 다음 행동하면 자연스레 몰두하게 되고, 그러면 성과를 내지 못할 리가 없다. 몰두하지 못한다면 사전에 그 사고의 깊이가 얕았다는 뜻이다. 또는 무의식적으로 '난 못 해.'라며 자신을 믿지 못하며 브레이크를 걸고 있는 것이다. 이 경우 몰두하지 못한 책임의 소재는 본인에게도 없지는 않지만, 일본 사회의 교육제도에 더 큰 책임이 있다. 어릴 적부터 부모와 학교, 그리고 세상 사람들에 의해 오랜 세월 "그런 것은 하면 안 된다."라고 세뇌당한 것이다.

다만, 언제까지고 이런 생각에 얽매여 있을 수는 없다. 많은 정보를 바탕으로 깊이 생각하고 사고하다가, 번뜩 하고 싶은 일이 떠오르면 몰두하고 실천으로 옮겨보자. 몰두하지 못하는 사람들로 가득한 세상이다. 충분히 생각한 무엇인가를 실천에 옮기기만 해도 크게 앞서나갈 수 있다.

몰두를 잘하는 방법이 있다. '스스로 정한 룰에 따라 움직이는 것'이다. 취미, 연애뿐 아니라 사업도 스스로 계획을 짜서 자신의 방식대로 실행해보라. 아마도 분명 주변에서 다양한 충고와 의견을 내놓을 것이다. 이 의견들에 절대 귀 기울이지 마라. '자신만의 룰'을 정하고 철저히 이에 따라 움직여라.

자신이 정한 룰에 따라 움직이면 사소한 고민도 즐겁게 다가오고 행동 뒤에 성취감도 크게 느끼게 된다. 그러다 보면 생각지도 못한 인연이나 새로운 전개를 경험하게 되기도 한다. 내가 주관하고 있는 온라인 살롱을 비롯해 성공을 거둔 많은 사업은 모두 몰두 속에서 탄생한 아이디어들이다.

처음부터 원대한 포부를 가질 필요도 없다. "즐거우니까 한다. 좋아하니까 한다. 스스로 정했으니까 한다!"라는 마음가짐으로 몰두하면 그걸로 충분하다. 그리고 이렇게 시작한 일들이 자신을 더 높고 자극 넘치는 세계로 데려다줄 것이다.

사람은 앞뒤 재지 않는 몰두를 통해 성장한다. 미지의 세계가 열릴 것이다. 다른 사람들의 말을 듣고 멈춰서는 안 된다. 남들의 생각에 의존하면 무난하게 갈 수 있을지도 모른다. 하지만 그래봤자 자신이 가야 할 길을 다른 누군가가 결정해주는 꼴밖에 되지 않는다. 생각도 행동도 책임도 모두 내 인생의 몫인데 말이다. 지도에 얽매이지 말고 자신만의 지도를 직접 그려가는 진짜 인생을 살고 싶다면 이것저것 따지지 말고 하고 싶은 일에 몰두하라.

주식도 부동산도 결국은 도박

투자라고 하면 많은 사람이 약속이나 한 듯이 "주식해라." 하는 말로 알아듣는다. 정말 뭘 모르는 사람들이다. 주식은 제대로 된 투자가 아니라는 것을 왜 모를까?

"나는 큰 목적이 있어서 주식에 투자하는 것이다."라고 말하는 사람이 있다면 나는 주식 같은 것에 투자하지 말고 열광할 수 있는 눈앞의 것에 투자하라고 말해주고 싶다. 주식은 합법적인 도박에 불과하다.

종종 경제 관련 인터뷰에서 중국의 거품이 언제까지 계속될 것 같냐는 질문을 받곤 한다. 현재는 세계 경제의 중심으로 더 발전할 것이라는 견해와, 인구 거품이 꺼져 머지

않아 붕괴할 것이라는 설이 최근 몇 년 동안 충돌하고 있다. 나도 그 결론은 잘 모르겠다.

다만 이것만은 확실히 알고 있다. 시장경제체제의 구성원인 이상 성장만 하는 국가나 기업은 존재할 수 없다. 그어떤 주자이건 성장할 때도 있고 쇠퇴할 때도 있는 법이다. 경제대국으로 급부상한 중국도 예외일 수 없다.

개인 투자자의 주식거래도 마찬가지이다. 특정 종목에 얼마만큼 투자하는 것이 좋을지, 또 언제까지 오를지 예측하기는 어렵다. 어느 정도의 노하우와 배경 지식이 있으면 경험에 따른 예측 정도는 가능할지 몰라도, 결국 예측은 예측일 뿐 틀렸다고 하소연할 곳도 없다. 분명히 말하건대 확실하게 한몫 잡을 수 있는 주식이란 이 세상에 존재하지 않는다.

주식뿐 아니라 외화, 부동산 등도 마찬가지다. 모두 불확실한 미래에 돈을 건다는 점에서 도박과 다름없다. 경제지나 주식 관련 서적, 유튜브와 팝업 광고에서도 "이렇게 하면 돈을 벌 수 있다!"라고 주장하지만 이를 곧이곧대로 믿는 바보는 없으리라 생각한다. 절대불패의 이론이나 완벽한 해법 따위가 세상에 있을 리 없다.

2. 행동 혁명

비교적 쉽게 알 수 있는 주식거래의 기술은 이를테면 도박을 조금 손쉽게 할 수 있게 해주는 요령에 불과하다. 어설프게 책 몇 권 읽은 아마추어가 이를 믿고 손댔다가는 큰코다치기 쉽다.

나는 돈을 불릴 목적으로 하는 주식거래는 하지 않는다. 신뢰할 수 있는 소식통으로부터 "무조건 오른다." 하는 정보를 들어도 사지 않는다. 앞으로도 주식은 하지 않을 생각이다. 이유는 간단하다. 나는 내가 제대로 모르고 정확히 알 수 없는 것에 돈을 걸고 싶지 않다. 또 무엇보다 내 인생의 목표는 어떻게든 돈을 불리는 것이 아니라, 인생을 원 없이 즐기는 것이다. 겨우 그런 곳에 힘쓸 여력이 없다.

주식시장의 불확실성에 대해 이야기하면 "호리에몽이 하는 IT 사업 역시 전망이 불투명하고 이해할 수 없는 것들뿐이다."라고 비판하는 사람도 분명 있을 것이다. 그렇지 않다. IT 사업은 보편적인 인식과 달리 상장주 시세보다 훨씬 안정적이다. 프로그램을 잘 설계하면 예상대로 성과가 나오게 돼 있다. 게다가 언제나 즉각적으로 성과를 수치화하여 의외의 오류나 실패 지점도 바로바로 수정할 수 있다.

그러니 주식시장의 흐름에 좌우되지 않는 IT 벤처 사업은 고객들의 니즈만 만족시키면 틀림없이 성장한다. 하고자 하는 의지와 확실한 데이터만 있으면 '확실한 결과'를 얻을 수 있다는 뜻이다.

나는 내 노력과 행동으로 리스크를 분산시킬 수 있는 일이라면 나름의 전략을 세워 도전하기를 즐긴다. 그렇지만 재미 삼아 하는 슬롯머신이라면 모를까, 승패를 온전한 운에 맡기는 도박은 좋아하지 않는다. 이런 의미에서 보자면 나는 철저한 현실주의자이다. 현실주의자는 어디에 투자해야 할지 잘 안다. 불확실성으로 가득한 주식, 외화, 부동산 투자 등에는 관심이 없다.

앞으로 투자해야 할 곳은 단언컨대 놀이이다. 테크놀로지의 발달로 지금까지와는 비교도 되지 않을 정도의 여가 시간이 늘어날 것이다. 이 여가 시간에 사람들이 뭘 하겠는가? 놀이가 인생의 중심이 되는 시대가 머지않았다. 소비자로서 즐길 놀이도 중요하겠지만, 생산자로서 놀이에 투자해야 할 때가 오고 있다는 소리다. 앞으로 소비자와 생산자 어느 측이든 놀 줄 모르는 사람들은 빈곤층처럼 힘든

2. 행동 혁명

인생을 살게 되지 않을까? 주식을 할 여유가 있다면 노는 데 돈과 시간을 더 투자하라는 이야기는 이런 맥락과도 맞닿아 있다.

잘 노는 것이 역량이 되는 시대

다양한 매체를 통해 나는 '노는 것이 일이 되는 시대가 올 것'이라고 주장하고 있다. AI 기술의 발달로 인류는 저임금의 잡무를 착실히 줄여가는 중이고, 종래에는 잡무가 사라질 것이다. 이 전망은 막연한 장밋빛 꿈이 아니다. 이미 농업, 서비스업, 금융업 등 폭넓은 분야의 사업군에서 기계가 사람을 대체하고 있다.

노는 것이 바로 사는 것인 그런 사회가 정말로 머지않아 시작될 것이다. '노는 것이 일이 되는 시대'가 다가오고 있는 지금, 나부터 이미 힘든 일을 하나둘씩 놓고 있다. 일과 놀이의 경계가 사라지고 있다. 이미 오래전부터 그래 왔지만, 최근에는 더 빨라지고 있다는 인상까지 받는다.

나는 매주 해외여행을 다니는 걸로도 모자라 '호리에몽 마쓰리(저자가 기획하는 도시형 페스티벌—옮긴이)' 같은 이벤트를 직접 개최해 원하는 만큼 먹고 마시며 또 재미있는 사람들과 교류하고 있다. 이게 다른 사람들 눈에는 그저 흥청망청 노는 것으로밖에 안 보인다는 걸 나도 알고 있다. 그러나 실은 노는 동시에 누구와 견주어도 모자라지 않을 만큼 많은 일을 하는 중이기도 하다.

여러 번 이야기했지만, 대책 없이 무작정 놀기만 하라는 말이 아니다. 놀이와 일을 잇기 위해서는 다양한 지적 도구와 번뜩이는 아이디어가 필요하다. 그 놀이와 관련된 자료를 습득하고 다양한 아이디어를 떠올리는 '정보 샤워'를 한 다음 놀이에 빠져야 한다. 여러 번 강조하지만, 이것이 바로 몰두의 시작점이다. 돈은 신경 쓰지 말고 일단 미쳐보는 것이다.

많은 사람이 "호리에몽처럼 몰두할 수 있는 놀이를 찾지 못했다.", "호리에몽이 유명인이라서 가능한 것도 있다."라고 할지 모르겠다. 이는 천만의 말씀이다. 누구나 좋아하는 놀이가 있고 그 놀이에 몰두할 수 있다. 태어나서 한 번도 안 놀아본 사람은 없지 않은가. 좋아하는 놀이는 반드시 있다. 그저 적당히 하다 그만두고 제대로 즐기지 못하는 것뿐이다.

나는 어렸을 때 한번 놀기 시작하면 그게 무엇이 됐든 정신 못 차릴 정도로 빠졌을 땐 놀았다. 초등학생 때는 친구 집에 있는 게임기에 빠졌다. 친구 집에 '카세트 비전'이라는 비디오 게임기가 있었는데, 여기에 빠져 친구가 없을 때도 친구 집에 가서 게임 할 정도였다.

어린 나이에 맞게 활동적인 놀이도 좋아했다. 도둑 잡기를 하거나 냇가에서 물놀이를 하며 매일 녹초가 될 때까지 놀았다. 정신없이 놀다가 다쳐 다섯 바늘을 꿰맨 적도 있다. 학교 급식은 5분도 안 돼서 다 먹고 쏜살같이 운동장으로 뛰쳐나가 친구들과 놀았다.

내가 다른 사람들보다 무엇인가에 잘 빠져드는 사람이란 걸 알게 된 때는 중학생 무렵이다. 한 번 재미있다고 느낀 놀이는 몇 날 며칠이고 계속했다. 같이 놀던 친구들이 질려 나가떨어져도 나만 재미있으면 혼자서도 지칠 때까지 놀았다.

2. 행동 혁명

중1 때 PC를 처음 접했다. 나는 처음 만난 PC에 이성을 완전히 잃었다. 24시간 매달려 있고 싶은 심정이었다. 나는 프로그래밍을 스스로 터득했고 돈을 버는 수준에까지 이르렀다. 이후에 자연스레 인터넷을 접했고 머지않아 창업에까지 이르게 됐다.

내가 IT 사업으로 성공한 것은 다른 사람들보다 지식이 많았기 때문이 아니다. 다른 사람들은 지쳐서 나가떨어질 때 나만은 완전히 미쳐 제대로 놀았기 때문이다. 나보다 컴퓨터를 좋아하는 사람은 많겠지만 나만큼 미친 사람은 극히 소수일 것이다. 나는 한때 "호리에 씨는 어떻게 회사를 크게 성장시키셨나요?"라는 질문을 자주 받았는데, 나는 그때마다 "사업에 미쳤기 때문"이라고 답했다.

보통 사람들은 놀이를 사업과 접목하는 단계로 발전시키기 전에 그만둔다. 부모님의 반대나 수험 공부 등 이유야 있겠지만, 그런 것에 구애받지 말고 하고 싶을 때까지 끝까지 한번 해보는 것이다. 브레이크 걸 필요가 없다.

돈이 될지도 모른다는 사심을 가지고 접근하는 건 의미가 없다. 돈벌이 욕심이 앞서면 많은 일이 힘들게 다가온다. 또 어쩌다 운 좋게 돈을 벌면 그때는 흥미가 사라져버린다. 결국 어떤 이유에서든 오래가지 못한다는 뜻이다.

좋아하는 일이라면 앞뒤 재지 말고, 아무것도 생각하지 말고 제대로 놀아보라. 그러다 보면 더 흥분할 만한 무엇인가를 발견하게 될 것이다.

가족에 헌신, 안 할 수 있으면 하지 마라

다시 한번 강조하지만, 결혼은 하지 않아도 된다. 요즘 같은 세상에 좋아하는 사람이 있고 앞으로도 쭉 깊이 사랑하겠다는 마음의 징표가 필요하다면 결혼 이외의 방법으로도 충분히 표현할 수 있다. 아이를 원한다면 사실혼 관계로도 충분하다. 배우자와의 관계나 가족애를 부정하려는 것은 아니다. 결혼에 뜻이 확고한 사람은 그냥 하면 된다.

단, 결혼으로 인생의 근본적인 외로움을 잠재울 수 있다거나, 인생이 안정될 것이라는 환상은 직접 해보면 물거품처럼 사라진다는 건 확실히 알아야 한다. 왜 결혼하냐고 물으면 많은 사람이 "혼자가 아니라서 미래가 안심이 되기 때문"이라고 답한다.

혼자보다는 둘이, 아이까지 셋 이상의 가족이 함께하면 더 큰 역경도 극복할 수 있을 거라 믿는다. 언제나 내 편인 사람이 집에 있다는 것과 법적으로 그 관계성을 보장받는 것에서 오는 안정감은 막연히 상상해봐도 분명 좋을 것만 같다.

그런데 왜 사람들은 독신의 미래는 불안하다고 생각할까? 차근히 생각해보면 혼자라 불편한 점은 딱히 없다. 사업적 측면만 봐도 혼자인 편이 나이나 일의 단계에 따라 마음 맞는 사람을 찾기 훨씬 수월하다. 사생활적인 측면에서도 남의 인생까지 책임지지 않고 자기 인생만 관리하면 되기 때문에 오히려 안정적이라 할 수 있다.

그 무엇보다, 닥치지 않은 미래를 미리 걱정하는 것이 즐거운가? 나는 미래는 생각하지 않는다. 현재를 열심히 산다는 일념뿐이다. 미래를 걱정해 안전을 추구하며 행동해서 좋을 것이 하나도 없다. 만약 하나라도 있다면 가르쳐주기 바란다. "미래를 상상해서 좋은 점이 있습니까?"라는 질문에 내가 공감할 만한 답을 준 사람은 지금까지 단 한

명도 없다.

서른 무렵에 결혼해 마흔이 되기 전에 집을 사고 예순이 되기 전에 아이들을 결혼시키겠다는 등의 청사진이 있으면 사람에 따라서는 즐겁고 행복할 수도 있을 것이다. 그러나 생각대로 되지 않는 것이 또 인생이다. 미래에 대한 계획이 지나치게 낙관적이면 뜻대로 되지 않았을 때의 낙담도 큰 법이다.

당장의 과제에 열중하되 너무 먼 미래까지는 상상하지 않는 편이 훨씬 자극적이고 행복하지 않은가? 지금 이 순간에 집중해 열심히 달리면서 하고 싶은 일을 하라. 설혹 내일이 대비한 대로 안전할지언정 나는 전혀 즐겁지 않을 것이다. 대비한 대로, 상상한 대로 평탄하기 그지없는 인생은 시시하기 짝이 없다.

미래에 대한 예측을 선善으로 보는 일반적인 사고는 농경시대에 얽매이던 시절의 잔재일 것이다. 작물을 잘 길러내기 위해서는 장기적인 기후 예측이 필요했다. 농경을 중심으로 한 시스템을 유지하고 이를 바탕으로 효율적인 조세 수금을 하기 위해 호적 제도와 일부일처제 등이 갖춰졌다. 결혼의 효력도 점차 강화되었다.

1990년대 초반까지는 그래도 변화의 물결이 빠르지 않아 괜찮았다. 그렇지만 이제는 IT 혁명에서 AI 혁명으로 본격적으로 이행하는 지점에 서 있다. 농경시대 중심의 고루한 관점으로 세상을 바라봐서는 안 된다. 시대의 변화에 발맞추지 못하면 리스크가 너무 커진다.

미래에 대한 막연한 불안감을 털고 결혼이라는 구시대의 멍에를 떨쳐내자. 결혼에 얽매이지 않아도 행복한 미래를 디자인할 수 있는 시대가 되었다. 이제 휴일에 가족을 위한 서비스를 제공할 필요가 딱히 없어졌다는 말이다. 그저 현재에 집중해 충실한 삶을 살아가자. 가족 모두가 행복에 도달하는 지름길이 있다면 그 방법뿐이다. 쉬고 싶은 휴일에 억지로 시간을 짜내 아이들과의 시간을 보내려는 생각 자체가 이미 행복과 먼 사고방식이다. 하고 싶은 일을 하고 싶을 때 하며 살자.

2. 행동 혁명

―――

아주 사소하더라도 성공을 맛보면 그
일 자체가 즐거워지고 없던 의욕도 다
시 생겨난다. 긍정적인 자극은 또 신
경의 감도를 높이고 두근두근하는 설
렘과 희열을 느끼게 할 것이다. 이 지
점에서 삶의 선순환이 시작된다.

―――

내가 IT 사업으로 성공한 것은 다른
사람들보다 지식이 많았기 때문이 아
니다. 다른 사람들은 지쳐서 나가떨어
질 때 나만은 완전히 미쳐 제대로 놀
았기 때문이다.

돈으로 살 수 있는 시간은
몽땅 사라

돈이 최고라 하지만 돈보다 귀한 것이 시간이다. 시간이야말로 가치를, 성공을, 행복을 낳는 거위이다. 현명한 이는 이 진실을 알고 있다. 돈을 벌기보다는 시간을 사기 위해 움직여라. 승자가 되고 싶다면 먼저 이 규칙을 이해해야 한다.

아이디어만 있다면 돈은 얼마든지 빌려도 된다

나는 처음 창업할 때 600만 엔(한화 약 6,200만 원-옮긴이)을 빌려어 시작했다. 사업가로서의 시작에 큰 빚이 함께한 것이다. 당시 나는 23세의 도쿄대생이었다. 객관적으로 볼 때 아직 아무 성과가 없는 청년이 짊어지기에는 상당히 큰 금액이었다.

보통의 젊은이라면 주저할 것이다. 주위 사람들도 설혹 창업을 꿈꾼다면 조금이라도 종잣돈을 모아서 시작하라고 조언해줄 것이다. 그러나 나는 하나도 두렵지 않았다. 그저 하고 싶은 일을 시작한다는 생각에 몹시 흥분돼 있었다. IT 사업의 무한한 가능성에 가슴이 뛰고 있었다.

빚 600만 엔은 큰돈이었지만 몇 년이 지나지 않아 그 10배 이상의 돈을 굴릴 수 있게 됐다. 빚은 1년 만에 다 갚았다. 빚낸 것을 후회한 적은 단 한 번도 없다. 오히려 커다란 목돈을 디딤돌 삼아 나는 당시 또래 친구들이 보기 어려운 풍경을 보고 멋진 경험도 할 수 있었다.

결론적으로 나는 부푼 기대감에 걸맞게 창업 직후 곧바로 IT 혁명의 거대한 흐름을 타고 젊은 창업가로서 탄탄대로를 걷기 시작했다. 그리고 단숨에 도약해 성공을 거머쥐었다.

대출에 대한 부정적인 인식은 저축신앙에 대한 환상만큼이나 견고하다. 하지만 이런 인식과 달리 빚은 결코 나쁜 것이 아니다. 대책 없는 사람에게는 대출 승인이 떨어지지도 않는다. 대출은 진심으로 하고 싶은 일이 있고, 대담한 용기를 발휘한 자가 치밀한 준비까지 마친 뒤에야 쥘 수 있는 훈장에 가깝다.

만일 반드시 하고 싶은 일, 진심으로 갖고 싶은 것이 있다면 돈을 빌려 최대한 빠르게 이뤄야 한다. 돈을 마련하느라 시간을 보내는 사이에 기회가 날아가 버릴지도 모른다. 그동안의 노력과 준비 모두 아무 의미 없이 끝나는 것이다.

이때 줄여야 할 것은 원하는 것의 크기가 아니라 준비에 필요한 시간이다. 기회를 포착했으나 돈 때문에 그 기회를 잡을 수 없다면 주저하지 말고 돈을 빌려라. 돈은 원하는 것을 손에 넣은 이후에 자연스레 따라오게 되어 있다, 반드시.

처음 창업할 당시 내가 스스로 600만 엔을 마련하려 했다면 아마 1년 정도는 더 걸렸을 것이다. 그렇게 1년 늦게 출발했다면 나는 IT 혁명의 급물살을 타지 못했을지도 모르고, 그러면 또 동시대의 재미있는 사람들과 만날 기회 또한 놓쳤을 것이다.

"어려울 땐 빌려라! 자존심을 버리고 머리를 숙여라!"

좋은 기회를 손에 거머쥐기 위한 원칙이다.

'빚은 안 된다. 가능하면 빚은 안 지는 것이 좋다.'라는 인식이 문제다. 저축신앙만큼이나 잘못된 고정관념이다. 빚은 결코 무섭거나 두려운 것이 아니다.

이 이야기는 내 개인적인 주장이 아니다. 경제학의 세부 학문인 화폐금융론의 도입부에 아주 명확하게 설명되어 있다. 한 사람이 일평생 버는 소득 주기와 일평생 돈을 쓰는 소비 주기는 일치하지 않는다. 갓난쟁이도 먹고 입고 잘 곳이 필요하지만, 그때부터 생산 활동을 할 수는 없지 않은가. 이런 시기의 불일치를 해소하기 위해서 빚이라는 이름으로 미래의 소득을 미리 빌려오는 행위가 대출인 것이다. 사업에서도 마찬가지로 미래에 큰돈을 벌 계획에 따라 소득 주기를 당겨 대출을 받아 빠르게 치고 나갈 준비를 하는 것뿐이다.

돈을 빌리려는 사람과 돈을 빌려주는 사람을 중개하는 금융 시스템이 충분히 발달한 오늘날은 빚의 위험성도 다양한 방법으로 줄일 수 있다. 보통 돈을 빌리고자 할 때 가장 먼저 생각나는 곳은 은행인데, 이제는 바로 은행부터 찾을 필요는 없다는 뜻이다.

당장 돈이 없더라도 좋은 아이디어만 있다면 사업을 시작할 방법은 얼마든지 있다. 크라우드 펀딩으로 예상을 훌쩍 뛰어넘는 자금을 마련할 수도 있고, 공유 경제를 이용해 경비를 줄일 수도 있다.

중국의 화교들은 젊은 후배가 음식점을 낼 때 먼저 성공한 선배가 돈을 빌려준다고 한다. 단, 음식점은 무엇보다 맛이 중요하기 때문에 음식 맛을 보고 돈을 빌려줄지 결정한다. 단순한 경영 수완보다 인간관계, 서비스의 질 등을 종합적으로 판단한다. 꽤 공정한 시스템이라고 할 수 있다. 친목을 도모하는 동시에 경제적 교류를 나누는 '계'와 유사한 시스템은 부유층들 사이에서는 예나 지금이나 가장 익숙한 경제 교류 방식이기도 하다.

이처럼 젊을 때는 레버리지, 즉 타인의 자본을 지렛대처럼 이용하여 자기 자본의 이익률을 높이는 여러 방법을 얼마든지 활용할 수 있다. "돈이 없다고? 빌리면 되지." 이것이 정답이다. 물론 사채는 논외이다. 금리가 과도하게 높아 레버리지로 활용할 수 있는 대상이 아니다.

나는 지갑도 없고 현금도 없다

나는 지갑을 가지고 다니지 않는다. 잘 잃어버리기 때문이다. 나는 지금까지 지갑을 10개쯤은 잃어버렸다. 아니 그 이상이었을지도 모른다. 회식 장소에 두고 나온 적도 있고 어디서 흘렸는지 모를 때도 있다. 잃어버리는 방법도 가지가지이다.

지갑을 잃어버려도 모르고 있다가, 돈을 쓸 때가 돼서야 알아차린다. 그다음 날이 돼서야 알아채기도 한다. 그 정도로 지갑 간수를 못한다. 대신 지갑을 잃어버렸을 때 "아, 어떡하지?"라며 당황하기도 하지만 "할 수 없지, 뭐." 라며 금세 포기한다. 반성 같은 것은 하지 않는다. 지갑에는 기껏해야 현금 5~6만 엔 정도밖에 들어 있지 않다. 분실신고를 할 것도 없다.

신용카드는 바로 정지시키면 문제없고 이밖에 개인 정보가 담긴 것은 애당초 넣고 다니지 않는다. 그래서 지갑을 분실하고도 딱히 난처했던 적이 없다. 이렇다 보니 10개가 넘는 지갑을 아무 데나 흘리고 다니는 것 같기도 하다.

나는 지갑에 대한 애착이 없다. 애착은커녕 성가시다. 무엇인가를 살 때 현금을 꺼내는 시간도 아깝다. 현금을 내고 거스름돈을 돌려받을 때까지 기다리는 몇 초가 나를 초조하게 만든다. 겨우 몇 초이지만 이것도 쌓이면 상당한 시간이 된다.

잔돈을 많이 돌려받는 것도 싫어서 젊을 때는 지폐로 물건을 사고 돌려받은 잔돈은 계산대 옆에 놓여 있는 모금함에 전부 넣고 나왔다. 고속도로 휴게소나 포장마차에는 모금함이 없어 하는 수 없이 집까지 잔돈을 들고 와서는 저축통에 넣어야 했다. 일단 저축통에 들어가면 꺼내 쓸 일도 없어 집에는 잔돈이 가득 찬 저축통이 계속 늘어났다.

현금이 없어도 거래할 수 있는 기술이 이미 보급돼 있는데, 왜 부피만 차지하는 물건을 가지고 다녀야 하는지 항상 의문이었다. 지갑을 챙기기가 점점 더 귀찮아졌다.

그러다 30대가 되면서 아예 지갑을 안 쓰기 시작했다. 그리고 나니 매우 쾌적해졌다. 이때부터 지갑 대신 머니 클립에 지폐와 카드만 끼워 주머니에 넣고 다닌다. 머니 클립은 지폐가 훤히 보이기 때문에 바로 주머니에 넣는 버릇이 생겼다. 아무 생각 없이 테이블 위에 올려놓고 잊어버리는 일도 사라졌다.

나는 요즘 결제할 때 주로 카드나 전자화폐를 사용한다. 최근에는 전자화폐와 연동된 결제 수단이 점점 더 다양해지고, 그만큼이나 편리해지고 있다. 이대로 그냥 비현금 사회가 되면 좋으련만, 일본 사람들은 여전히 현금을 선호한다. 지금도 현금 결제만 가능한 레스토랑이 많고 노점상의 대부분은 신용카드를 받지 않는다. 이럴 때는 어쩔 수 없이 현금을 인출하는 수밖에 없는데, ATM 앞에 줄을 서 있을 때면 이 시간이 인생에서 가장 쓸모없는 시간이 아닐까 하는 생각까지 든다.

내가 평소 가지고 다니는 것은 스마트폰, 운전면허증, 소형선박조종사 면허증, 건강보험증, 신용카드 3장, 체크카드 2장과 약간의 현금뿐이다. 이거면 충분하다. 쇼핑이든 식사든 무엇을 하건 전혀 불편함이 없다.

행운을 가져다준다는 몇십만 엔 대의 지갑을 자랑스럽게 들고 다니는 사람들이 있는데, 다 부질없는 짓이다. 지갑을 새것으로 자주 바꾸면 금전 운이 좋아진다는 이야기도 있는데 역시 새빨간 거짓말이다. 지갑을 한번 없애보라. 지갑을 없앤 자리에는 신용카드나 체크카드 등을 사용하는 데 필요한 지식이 차게 될 것이다. 지폐와 동전이 종잇조각과 쇳덩이에 불과할 뿐, 실질적인 효력이 없다는 사실 또한 실감하게 될 것이다.

지갑은 현금 거래에 얽매여 있는 사고 정지 상태를 상징한다. 만일 지갑을 잃어버리고 속상해하고 있다면 전화위복의 기회로 삼아 비현금 생활을 한번 시도해보자.

청소와 빨래는 전문가에게

맞벌이 부부의 가사 분담은 종종 부부 갈등의 불씨가 되곤
한다. 남편이 집안일은 일절 하지 않으려 해 불만이라는 아
내도 많고, 함께 하면서도 잔소리 듣는다며 스트레스받는
다는 남편도 많다. 나는 왜 이런 일로 부딪히는지 정말 모르
겠다. 가사 대행업체에 맡기면 쉽게 해결될 일인데 말이다.

예전에 아파트 단지에 월세로 살 때 업체를 불러 청소
와 빨래를 맡긴 적이 있는데, 생각보다도 훨씬 편리하고 쾌
적했다. 그리고 나니 빨래와 청소가 꽤 힘든 일이라는 것도
알게 됐다.

청소할 때 그냥 청소기만 돌리면 먼지가 남는다. 바닥을

닦을 때는 바닥재에 맞는 세제를 잘 골라야 한다. 창문 유리, 화장실, 현관 등 장소에 따라 사용하는 도구도 다르다. 청소하고 나온 재활용 쓰레기는 종류별로 분리해야 한다.

빨래도 귀찮은 일이다. 세탁기에 한꺼번에 넣고 돌리면 끝나는 일이 아니다. 아버지 속옷과 자기 속옷을 같이 빨기 싫은 딸도 있을 것이고, 가족에 따라서 섬유 유연제의 취향이 다른 상황도 있을 것이다. 빨래가 끝나고도 일일이 널어 줘야 하고, 다 마르면 개어서 넣기까지 해야 한다. 빨래에서 건조, 개키기까지 되는 가전제품이 개발되고 있지만, 일반 가정에서 사용하기까지는 꽤 시간이 필요할 것이다.

음식은 빨래보다도 난이도가 높다. 일본 남자 중에는 "집안일은 회사 일에 비하면 아무것도 아니다! 전업주부라면 집안일을 완벽하게 하는 것이 당연하다!"라고 생각하는 사람도 많을 것이다. 그러나 이는 대단한 착각이다. 완벽하게 할 수는 있지만, 돈으로 환산해보자면 상당한 수준의 보수에 상응하는 노동인 것이다.

힘든 일을 굳이 부부가 서로 다퉈가며 할 필요가 없다. 맞벌이라면 더 그렇다. 드물게 집안일을 즐기는 사람이라면 모를까, 그렇지 않다면 대행업체에 맡기면 된다.

가사 대행업체 이용을 꺼리는 이유는 크게 두 가지이다. 첫 번째는 비용 지불에 대한 거부감이다. 가사 대행 서비스는 보통 1시간에 평균 2,000~3,000엔대이다. 이 돈을 쓰느니 직접 하는 편이 낫다고들 생각하는 것이다. 과연 그럴까? 서비스를 이용해본 입장에서 볼 때, 일반 전업주부보다 대행업체의 서비스 수준이 더 높았다. 비용을 지불하기 때문에 "다음에는 이렇게 해주세요."라고 구체적인 요구를 하기도 쉽다.

집안일 때문에 부부가 싸울 때는 대체로 한쪽이 다른 한쪽에게 집안일을 시키려다 말싸움으로 번지는 경우가 많다. 이때 받는 정신적 스트레스를 비용으로 환산해보라. 대행 서비스를 부부 싸움의 싹을 자르는 값이라 치면 이보다 합리적인 비용도 찾기 어렵다. 게다가 집안일을 맡겨서 생기는 시간도 유용하게 쓸 수 있다.

두 번째 이유는 집 안에 남을 들이고 싶지 않은 마음이다. 모르긴 몰라도 아마 이 마음이 첫 번째 이유보다도 클 것이다. 전형적인 문화 지체 현상으로, 기술의 발달을 사람들의 의식이 못 따라가는 상태이다. 급변하는 세상에도 사람들은 여전히 보수적이다. 어떠한 행동의 실리를 꼼꼼히 따지기보다, 막연한 느낌으로 싫어하는 것이다. 중고차나 구제 옷이 싫다는 사람과 비슷한 심리일 것이다.

공유 경제가 빠르게 확산 중인 요즘 같은 시대에는 생각만 조금 바꿔도 어떤 일이든 더욱 효율적이고 합리적으로 처리할 수 있다. 집안일도 적은 비용으로 전문가의 도움을 살 수 있다는 쪽으로 생각을 선회하면 청결하고 쾌적한 생활을 쉽게 할 수 있다. 굳이 노동력과 시간을 낭비할 필요가 없다. 집에 남을 들이고 싶지 않은 마음은 자기 영역 의식이나 소유욕의 하나이다. 그런 것에 얽매이지 말고 힘든 일을 도움받는다는 마음으로 즐겁게 살자.

집안일은 가사 대행업체 사람들에게 맡기고 좋아하는 일에 시간을 쓰자. 그렇게 하면 대행업체 시장도 확대돼 고용 창출에도 일조하게 될 것이다. 세상에는 "청소, 빨래, 요리가 정말 좋다!"라고 말하는 사람도 있다. 집안일은 그런 전문가에게 맡기고, 당신의 시간은 다른 일을 하며 더 가치 있게 쓰라는 말이다.

당신이 사는 곳이 당신의 삶을 결정한다

나는 고등학생 때 일찌감치 도쿄로 가기로 마음먹었다. 일본의 중심은 도쿄이다. 정치, 경제, 문화의 메카가 바로 도쿄라는 말이다. 재미있는 사람, 흥미로운 정보를 가진 사람이 지방과는 비교할 수 없을 정도로 많다. 젊고 매력적인 남녀가 가장 많은 도시이기도 하다. 고등학교 졸업 후 고향인 후쿠오카현 야메시에 남는다는 선택지는 내게 애초부터 없었다.

나의 목표는 오로지 도쿄대 합격이었다. 부모님이 학비를 흔쾌히 내주며 도쿄로 보내줄 만한 대학은 도쿄대밖에 없었기 때문이다. 고향에 있는 히토쓰바시대는 인지도가 낮았고, 부모님이 도쿄대 이외의 사립대 입학금을 내주실 것 같지가 않았다. 나는 다른 사람들처럼 도쿄대의 명물인 '아카몬(赤門, 도쿄대의 상징이자 일본 엘리트의 상징—옮긴이)'을 동경해 지원한 것이 아니다.

학창 시절 최대의 난관이자 일본 최고의 대학이라는 점도 물론 매력적이었다. 그러나 나의 주된 목적은 어디까지나 일본의 중심지에서 사는 것이었다. 만일 도쿄대에 합격하지 못했더라도 당시의 나는 어떻게든, 반드시 도쿄로 떠났을 것이다.

대학 진학 때문에 고향을 떠나올 때 아쉬움은 없었다. 부모님과 산 시간, 고향인 야메시에서의 생활, 고등학교까지 함께 보낸 동창들과의 관계가 의미 없었다고 생각하지는 않는다. 다만 도쿄에서 펼쳐질 창창한 미래에 대한 기대가 압도적으로 컸다.

태어난 동네에서 성인이 되어 늙을 때까지 사는 사람, 가족이나 오래된 인간관계 때문에 고향을 떠나지 못하는 사람들을 보면 안됐다는 생각이 든다. 어차피 떠나야 한다면 젊을 때 떠나는 편이 낫다. 그런 의미에서 대학 진학은 대부분에게 절호의 타이밍이다.

시골 생활의 장점은 무엇일까. 시골은 마음이 편안해져서 좋다는 사람들이 있다. 좋아하는 곳에서 살고 싶은 마음은 이해한다. 그렇다면 꼭 시골이 아니더라도 좋아할 수 있는 다른 곳도 있지 않을까 하는 생각이 든다. 말의 꼬투리를 잡으려는 것이 아니다. 짧게라도 여러 곳에서 살아본 다음에 시골에 정착한 것이라면 이해하겠지만, 한 번도 시골을 벗어나 본 적 없는 사람이 "그래도 시골이 최고야!"라고 말하는 것은 왠지 납득하기 어려운 점이 있다.

내 경험으로는 시골에 대한 애착이 강한 사람일수록 "도쿄는 살기 힘들다.", "도쿄는 어쩐지 삭막하다.", "도쿄에 행복은 없다."라고 말하는 경향이 있었다. 이렇게 말하는 건 개인의 자유이지만, 도쿄에 한번 살아본 뒤에 말하면 조금 더 설득력 있을 것이다.

도시의 좋은 직장과 높은 임금이 분명한 행복을 보장하지는 않는다. 그러나 심신이 모두 태어난 곳에 묶인 채로 고향을 떠나지 못하고 자신에게 더 잘 맞을 수도 있는 환경을 접해보지 못한다면, 그건 틀림없이 불행한 인생일 것이다. 시골을 떠날 수 없다는 사람에게 묻고 싶다. "시골을 사랑하는 것이 아니라 실은 부모님이나 가족들에게서 벗어나지 못하는 것은 아니냐?"고.

부모님은 가치관과 상식이 견고해진 나이대라 확실치 않은 정보에 휘둘리는 경우가 많다. 특히 시골에 살면서 IT를 제대로 활용할 줄 모르는 부모님은 정말 안타깝다. 이분들의 주된 정보원은 TV이고, 신문에 있는 것은 전부 진실이라고 믿는 세대이다. 이것이 틀린 삶이라 말하긴 어렵지만, 자녀가 자라날 때 필요한 양질의 정보를 제공하기에는 턱없이 아쉬운 상황임이 틀림없다. 하지만 이런 부모일수록 자식을 옭아매고 부모의 말을 듣게 만드는 것이 참된 부모의 역할이라고 생각하는 것이 문제다. 나는 어려울 때 부모님과 상의해 일이 잘 해결되었다는 이야기를 들어본 적이 없다.

부모님에 대한 사랑을 부정할 생각은 추호도 없다. 단, 부모님이 자식에게 정말 실질적으로 도움이 되는 유용한 조언을 해줄 수 있는지 객관적으로 판단할 필요가 있다는 말이다. 어른이 되면 몸이든 마음이든 모두 가능한 부모님과 거리를 두는 게 좋다. 시골은 '멀리 두고 그리워하는 곳'

이다. 거리를 두고 생활하는 것이 서로 필요할 때 적당히 도울 수 있는 관계를 유지하는 비결이다.

사람을 잘 다루는 사람 주위에 인재가 몰려든다

가장 중요한 자원은 시간이고, 그다음은 역시 사람이다. 잘 나가는 회사는 장사도 잘하지만, 환경도 잘 갖춰져 훌륭한 인재들이 몰려든다. 아무리 승산 있는 아이디어라도 훌륭한 인재가 받쳐주지 않으면 사업은 성공할 수 없다.

나는 프로그램을 다룰 줄 알고 돈 관리도 남들 못지않게 한다. 사업가로서 능력이 모자란 편은 아니지만, 그래도 나보다 능력 있는 사업가를 찾기는 어렵지 않다. 그럴 때면 나는 아직 멀었다는 생각을 종종 하기도 한다.

대신 나는 모든 일을 혼자서 다 할 생각이 없다. 직접 해야 빨리 끝나는 일도 있지만 나는 '내 시간의 최적화'를 가장 우선한다. 그래서 다른 사람에게 맡길 수 있는 일은 가능한 적극적으로 맡기는 편이다. 이렇게 맡길 수 있는 일은 맡기고 나는 또다시 새로운 일에 시간을 쏟는다. 맡긴 일의 공적이 다른 사람에게 돌아가는 건 전혀 개의치 않는다. 내 플랜의 한 부분이 훌륭히 완성된 것이다. 어떻게 생각해도 나쁠 것이 하나도 없다.

사업에 성공한 사람들은 하나같이 사람을 잘 다룬다. 이들은 쓸데없는 자존심을 내세우는 대신, 자신의 단점을 굳이 감추지 않고 다른 사람의 손을 빌리기를 주저하지 않는다. 이런 사람 주위에는 훌륭한 인재가 계속 몰려든다.

사업가로서 학력이나 학벌 등의 소위 '스펙'이 좋지 않은 사람일수록 사람을 더 잘 다루는 경향이 있다. "능력 있는 사람들에게 의지해 열심히 일하다 보니 어느새 성공에 가깝게 다가가 있더라."라는 성공사례는 상당히 많다.

다른 사람의 손을 빌리지 않는 사람은 두 종류이다. 하나는 남을 믿지 못하고 직접 해야 직성이 풀리는 사람, 다른 하나는 다른 사람과 공적을 나눠 갖고 싶지 않은 욕심쟁이이다. 둘 다 쓸데없는 고집이다.

일을 잘하는 사람은 주위에 얼마든지 있다. 공적은 서로 나눠 가져야 더 높은 평가를 받을 수 있다. 굳이 혼자서 다 하려 들 필요가 없다. 돈을 효과적으로 쓰고 훌륭한 사람을 활용하길 바란다.

굳이 협업을 강조하려는 것이 아니다. 하고 싶은 일을 더 원활하게 큰 규모로 추진하려면 필요한 곳에 적절한 인재를 투입해야 일이 효율적으로 진행된다는 의미이다.

나는 처음 창업했을 때 일본 웹 프로그래밍의 선구자였던 고가이 단 등 IT 업계의 카리스마 넘치는 인재들을 회사로 초빙했다. 그러자 그들에게 일을 배우고 또 인정받고 싶은, 젊고 유망한 다음 세대의 인재들이 몰려들었다. 당연히 사업은 급성장했다.

우수한 인재들이 몰린 덕분에 나는 내가 하던 대부분의 잡무를 넘길 수 있었다. 잘 돌아가는 파트에는 가급적 참견하지 않았다. 대신 각 파트에서 만드는 서비스를 사용하는 헤비 유저의 입장에서 "이렇게 하는 것은 어때?"라는 식의 구체적인 아이디어를 종종 내곤 했다. 좋은 의미로 거리를 두었기 때문이다. 객관적인 개선점을 찾아낼 수 있다는 점에서도 다른 사람을 믿고 일을 맡기는 방식은 중요하다.

나는 사람을 쓸 때 커다란 틀만 제시한다. 일이 그 틀을 벗어나 엉뚱한 방향으로 흘러가지 않는 한 철저하게 일임한다. 디테일한 변화나 다양한 의견의 개진은 오히려 좋다. 결국 커다란 틀을 벗어나지 않고 나아간다는 대전제만 지켜지면, 훌륭한 인재들에 의해 자연스럽게 성과가 나오게 돼 있다. 그러면 나는 또 새로 하고 싶은 일을 할 수 있는 시간과 기회를 얻게 되는 것이다.

라이브도어 사건으로 어렵게 끌어모은 기술팀을 잃었던 일은 여전히 뼈아프다. 창업 때부터 회사가 유명해지기까지 그들을 끌어모으는 과정이 가장 힘들었고, 또 그만큼 중요했다. 그들은 내가 설계한 사업을 현실에서 가장 빠른 속도로 구현할 수 있게 해준 핵심 원동력이었다.

그 멤버의 대부분은 이제 '라인LINE'에서 일하고 있다. 그러니 라인은 앞으로 더욱 폭발적으로 보급되는, 강력한 서비스가 될 것이다. 일본의 통신 시장을 한 손에 움켜쥔 것이나 다름없다. 이 경우만 보더라도 우수한 인재는 무엇과도 바꿀 수 없는 큰 자산이다. 내가 과거에 잃고 유일하게 후회하는 것이 있다면 바로 인재다.

출퇴근 2시간 = 월급 20% 삭감

출근을 위해 매일 아침 만원 전철을 타는 사람들의 속내를 모르겠다. 회사에 다니려면 어쩔 수 없다고들 하는데, 그렇다면 왜 굳이 회사에서 먼 곳에 사는가? '직주근접職住近接'이라는 말이 있듯이 직장 가까이 사는 것이 최고이다.

회사가 긴자나 롯폰기 등 월세가 비싼 곳에 있어서 회사 근처의 집을 구할 수 없다고 말하는 사람도 있을 것이다. 그렇지 않다. 좀 좁기는 해도 4~5만 엔 정도에 빌릴 수 있는 월세방은 찾아보면 반드시 나온다. 결국 어느 정도 출퇴근 스트레스를 감내하는 대신 자신의 월급에 맞는, 그럭저럭 쾌적하고 넓은 집에 살고 싶은 것뿐이다.

그 마음을 모르는 바는 아니지만 나는 '출퇴근에 왕복 2시간이 걸린다면 월급의 20퍼센트가 깎이는 것과 같다.'라고 생각한다. 물론 정확한 통계적 수치는 아니다. 하지만 정말 많은 사람의 이야기를 듣고 도출한 수치이니만큼, 체감상으로는 정답에 가까울 것이다.

바꿔 말하면 2시간 동안 만원 전철에 몸을 싣고 출퇴근하는 연봉 400만 엔의 회사원은 직주근접만 하더라도 500만 엔 이상을 벌 수 있는 잠재력이 있다는 이야기이다. 출퇴근 스트레스가 실제 수입을 낮추고 있는 셈이다. 꼭 넓고 쾌적한 집에서 살고 싶다면 직주근접을 하면서 더 많이 벌어 도심의 고급 아파트를 빌릴 수 있도록 노력하면 될 일이다.

만원 전철을 타고 출퇴근하면서 받는 스트레스는 피할 수 없는 스트레스가 아니다. 매달 약간의 비용만 더 지출하면 곧바로 해소할 수 있다. 그 지출이 아깝다거나 이사가 귀찮다고 말하는 사람들은 스트레스가 자신에게 미치는 영향력을 간과하거나 과소평가하고 있는 것이 틀림없다.

영국의 한 연구에 따르면 만원 전철을 탈 때의 스트레스는 전쟁터 최전선에 있는 병사들이 받는 스트레스와 비숫한 수준에 이른다고 한다. 그런 강도 높은 스트레스를 감내할 만큼 쾌적하고 멋진 집에 살고 있다면 또 모르겠다. 그렇지 않은 바에야 한 달에 고작 몇만 엔으로 수명까지 줄어들 수 있는, 강도 높은 스트레스를 깨끗이 날릴 수 있다면 어떻게 봐도 남는 장사가 아니겠는가?

돈으로 모든 스트레스를 다 날려버릴 수는 없지만, 돈으로 해소할 수 있는 스트레스라면 가능한 한 해소해야 한다. 그렇지 않으면 죽을 때까지 스트레스의 굴레에서 벗어나지 못할 것이다. 이 말은 평생 자유롭게 살 수 없다는 뜻이기도 하다. 게다가 한 스트레스가 다른 스트레스를 낳기도 한다.

나는 일본 국내에서 이동할 때 전철을 이용하는 경우가 거의 없다. 막 창업했을 때는 경비를 절약하고자 주로 전철로 이동했는데, 그때 한 어르신에게 이런 말을 들었다.

"이동할 때는 택시를 타게. 택시비를 아껴야 하는 일은 하지 말게나. 만일 자네의 일이 시급으로 환산해 택시를 탈 수 없는 정도의 일이라면 그 일은 가치가 없는 일일세."

맞는 말씀이다. 나는 당시 몇 푼 하지 않는 교통비를 아끼려고 시간이라는 가장 중요한 자원을 낭비하고 있던 것이다. 어르신의 말씀에는 이동 시간을 줄이고 그 시간에 일을 더 해 더 많이 벌라는 뜻도 숨어 있다. 전철 대신 택시를 타고 목적지에 먼저 도착해 남는 시간에 업무를 처리하는 것이 낫다.

전철에서 받는 스트레스 중 가장 큰 스트레스는 일할 의욕이 떨어진다는 점이다. 전철 안에서 태블릿이나 노트북을 쓰려고 마음먹으면 못할 것도 없지만, 지친 얼굴의 다양한 사람들이 공존하는 환경에서 일할 마음을 유지하기란 상당히 어렵다. 만원 전철에서는 스마트폰을 보는 정도도 쉽지 않다. 더 많은 수입을 올리기 위해서라도 이동과 주거에는 돈을 아끼지 말자.

택시비도 안 되는 일은 하지 마라

앞서 조금 이야기했지만, 택시에 관해 더 이야기를 해보고 자 한다. 나는 이동할 때 주로 택시를 이용한다. 전철은 이 용하지 않는다. 택시에서는 스마트폰으로 뉴스를 보거나 자료도 훑어볼 수 있다. 전화로 업무 처리도 가능하다. 피 로가 쌓였을 때는 잠깐 눈도 붙일 수 있다.

누군가는 '전철에서도 할 수 있는 것 아닌가?'라고 말할 지 모른다. 물론 전철에서도 스마트폰으로 업무 처리를 할 수 있고, 운이 좋아 자리에 앉았다면 잠을 잘 수도 있다. 그 러나 어떤 경우라도 그 행위의 밀도가 같을 수 있겠는가?

전철에서 스마트폰을 만지는 사람들은 기껏해야 모바

일 게임이나 하면서 시간을 떼운다. 이마저도 만원 전철 내에서는 불가능하다. 그런데 생판 모르는 사람들이 북적대는 좁은 공간에서 고도로 집중해야 하는 업무를 처리할 수 있을 리 없다. 만일 그게 가능한 사람이 있다면 열차 잡상인 정도일 것이다.

간혹 한산한 열차 안에서 당당하게 노트북을 펼치고 현란하게 키보드를 두드리며 일하는 사람도 있다고 들었다. 일을 열심히 하는 것은 물론 좋다. 하지만 그 사람이 내 앞에 있다면 대체 왜 그런 곳에서 일하냐고 묻고 싶다. 전철에서 노트북으로 업무를 보는 사람이 큰돈을 벌어들이는 탁월한 사업가일 리 없다. 정말로 탁월한 사업가에게는 애당초에 전철을 탄다는 선택지가 없기 때문이다.

딱딱한 전철 의자에 살짝 걸터앉아 고개를 푹 숙이고 곯아떨어진 모습은 안쓰럽기 짝이 없다. 얼마나 깊이 잠들었건 '푹 잘 잤다!'라며 상쾌하게 일어날 수가 없는 것이다. 전철은 휴식을 취하기에 적합한 공간이 아니다. 2시간 이상 전철을 타고 시내로 출퇴근하는 회사원이 많은데, 타자마자 잔다 해도 그 피로는 상당할 것이다.

전철의 장점이 아예 없지는 않다. 그래도 확실한 장점

3. 시간 혁명

이 하나는 있는데, 전철로 이동하면 지각할 위험은 줄일 수 있다는 것이다. 다시 말해 전철의 장점은 기껏해야 이 정도다. 그렇지만 이마저도 조금 일찍 나와 먼저 택시를 타고 택시 내에서 확보할 수 있는 유휴 시간을 고려한다면, 또한 커다란 장점으로 보기 어렵다.

그러니 순수하게 전철을 좋아하는 전철 마니아라면 모를까, 이제 전철은 그만 타고 택시로 이동하자. 최소한 택시를 탈 수 있을 만큼 벌고, 택시를 타는 만큼 시간을 효율적으로 쓰자는 말이다.

단, 택시는 택시대로 전철과는 또 다른 문제로 종종 곤란해질 때도 있다. 간혹 수준 낮은 택시 운전기사가 문제다. 나는 택시를 타는 횟수가 보통 사람들보다 많아 이상한 운전기사도 상당수 만나봤다. 불법이기는 하지만 그래도 승차거부는 나은 편이고, 진짜 이상한 택시 운전기사를 만나면 정신이 어떻게 될 정도다.

예를 들어 고령의 택시 운전기사들은 내비게이션을 쓸 줄 몰라 도착할 때까지 계속 길을 물어 화나게 한다. 야구 경기나 정치 이야기를 끝도 없이 늘어놓는 운전기사는 정말이지 최악이다. 굳이 돈으로 시간을 벌어 업무와 볼일을 처리하려고 택시를 타는 것인데, 이 시간에 관심도 없는 시시한 잡담에 맞장구쳐야 한다면 뭐하러 택시를 타겠는가?

이외에도 입 냄새나 체취가 심한 운전기사, 운전이 난폭하거나 도착지를 착각하는 운전기사도 나를 화나게 만든다. 이럴 때면 "내 돈 내고 타는 건데 이건 정말 너무한 것 아냐?!"라고 소리치고 싶다.

유능한 사람일수록 돈보다 시간이 귀중하다

며칠 전 신요코하마역에 갔다가 ATM 앞에 길게 늘어선 줄을 봤다. 대충 봐도 몇십 명은 돼 보였다. 달력을 보니 월말이 가까운 25일이었다. 모두 업무상 필요한 자금이나 월세를 이체하느라 긴 줄을 섰을 것이다.

하나 이상한 점이 있었다. 바로 옆에 있는 지방은행 ATM은 아무도 쓰지 않고 있었다. 몇 미터나 되는 긴 행렬이 늘어선 ATM과 아무도 없는 ATM이 바로 붙어 있는 광경은 분명 이상했다. 한 칸 옆으로만 가면 바로 일을 처리할 수 있는데, 다들 왜 미련하게 줄을 서 있던 걸까?

아마도 수수료 때문일 것이다. 기껏해야 몇백 엔 차이

의 수수료 때문에 몇십 분, 심할 경우 1시간에 이를 정도의 줄을 선다는 것은 도무지 이해하기 어려운 일이다.

그보다 근본적인 문제를 짚자면, 애초에 ATM을 왜 사용하는지 모르겠다. 앞에서도 이야기했듯, 현금을 사용하면 귀찮지 않은가? 또 ATM은 뒤에서 내 비밀번호를 훔쳐볼 수도 있고, 최악의 경우 강도의 표적이 될 수도 있다.

일본 사회는 안전하기 때문에 그럴 걱정은 없다고 할지 모른다. 그러나 나는 현금이라는 지불 수단의 근본적인 위험성을 이야기하는 것이다. 평소 돈은 중요하다고 말하는 사람일지라도 금융 거래를 할 때면 두툼한 현금 봉투를 들고, 아무렇지도 않게 ATM 앞에 줄을 선다. 현금과 위험이라는 인식이 애당초 분리되어 있는 것이다.

이를 보고 있자면 소중한 돈을 너무 쉽게 다루는 것 아닌가 하는 생각도 든다. 거래처 사정 때문에 어쩔 수 없다면 가능한 빠른 시일 내에 현금 거래가 아니라 계좌 이체로 처리할 수 있는 회사로 갈아타길 권한다.

요즘은 대부분 카드 결제나 온라인 거래가 가능하다. 그렇게 하면 줄을 서느라 귀한 시간을 낭비할 필요가 없다. 수수료도 들지 않고 포인트도 적립되기 때문에 금전적으로도 이득이다.

월말이 되면 어김없이 ATM 앞에 줄 서는 사람들의 행렬은 마치 관성적으로 출퇴근을 반복하는 직장인의 모습을 보는 듯하다. 비효율적이란 걸 알면서도 익숙하다는 이유만으로 그 자리에 서 있는 것이다. 그러면서 입으로만 "돈이 없어.", "부족해.", "돈이 안 벌려."라며 한탄한다.

돈은 이 세상에 넘쳐난다. 뉴스에서는 일본의 국가 채무가 늘어 국고 고갈 위기에 처했다고 보도하고 있지만, 이것이 개인에게 어떤 영향을 미치는지 아는 사람은 거의 없다. 개인의 차원에서 보면 지금처럼 돈이 넘쳐나는 시대도 없다. 돈이 남아돌아 그 가치가 떨어졌다는 게 피부로 체감될 정도이다. 기존의 돈을 대신할 경제지표를 어떻게 확립해갈지 경제학계를 비롯해 기관에서도 모색하기 시작했다. 암호 화폐는 그 시도의 한 단면이라 할 수 있다.

이야기가 너무 거창해졌다. 요컨대 현금에 집착할 이유가 사라진 시대가 된 것만큼은 분명하다는 이야기이다. 돈의 가치는 계속 떨어지고 있고 당분간 오르지 않을 것이다. 돈보다 훨씬 귀중한 자산은 시간이다. 앞으로는 더더욱 시간을 효율적으로 사용할 줄 아는 사람이 제대로 평가받게 될 것이다. 몇 푼 되지도 않는 수수료 때문에 귀중한 시간을 버리는 게 안타까워서 하는 말이다.

———

만일 하고 싶은 일, 진심으로 갖고 싶은 것이 있다면 돈을 빌려 최대한 빠르게 이뤄야 한다. 기회를 포착했으나 돈 때문에 그 기회를 잡을 수 없다면 주저하지 말고 돈을 빌려라. 돈은 원하는 것을 손에 넣은 이후에 자연스레 따라오게 되어 있다, 반드시.

———

돈으로 모든 스트레스를 다 날려버릴 수는 없지만, 돈으로 해소할 수 있는 스트레스라면 가능한 한 해소해야 한다. 그렇지 않으면 죽을 때까지 스트레스의 굴레에서 벗어나지 못할 것이다.

절약과 인내에도
비용이 든다

"신은 디테일에 있다." 독일의 건축가 루트비히 미스 반데어로에의 말이다. 이 말은 인간 개개인에게도 통용된다. 일상의 사소한 동작, 몸짓, 습관, 사고… 자그마한 가난의 흔적도 완전히 털어내라. 움츠러들 이유는 어디에도 없다. 호쾌하게 살아라.

점심 메뉴는 고민 말고 장어덮밥

나는 창업하고 사장이 된 이후로는 술과 음식에 돈을 아끼지 않았다. 자그마한 부를 쌓은 이후로도 귀금속이나 부동산에는 눈길도 주지 않고 오로지 맛있는 술과 음식을 즐기는 데 썼다. 해외여행을 가서도 쇼핑 같은 건 별로 하지 않는다. 돈은 대부분 현지 맛집에서 맛있는 음식을 먹는 데 쓴다.

지인들에게 줄 선물도 사지 않는다. 나는 일본뿐 아니라 세계 각지에서 셀 수 없을 만큼 많은 레스토랑에서 음식을 먹어왔다. 당연히 평범한 레스토랑이 아니라 각국을 대표할 만한 최고의 레스토랑들이다. 자랑처럼 들릴 수 있지만, 나는 어지간한 미식가보다 더 많이 먹어봤고 또 잘 안다고 자부한다.

음식에 돈을 아끼지 않는 대단한 이유 같은 것은 없다. 그저 순수하게 맛있는 것을 좋아하기에 아낌없이 쓸 뿐이다. 굳이 또 다른 이유를 찾자면 인생을 즐겁게 하는 수익성 좋은 투자이기 때문이다. 음식에는 문화의 정수가 담겨 있다. 음식을 즐기면 그 나라의 역사와 문화도 자연스레 배우게 된다. 예를 들어 중국에서 식문화가 발달한 이유는 중국 황제의 과시욕 때문이었다고 한다. 또 일본에서 발효 식품이 발달한 이유는 해양 기후 탓에 습도가 높아 오래 두고 먹을 수 있는 음식을 만들어야 했기 때문이다.

이처럼 음식은 역사와 지리, 기후 등과 밀접한 관계가 있다. 맛있는 음식을 파고들다 보면 역사나 지리에 거의 전문가 수준에 이르기도 한다. 음식뿐 아니라 와인이나 사케 등 세계 각국의 술도 다양하게 마시고 그에 연관된 역사를 배우며 지식도 풍부해졌다. 이러한 지식은 소설가이기도 한 내가 소설을 쓰는 데도 도움이 된다.

하지만 그보다 더 중요한 것이 있다. 술과 음식에 돈을

써서 얻을 수 있는 가장 큰 소득은 바로 폭넓은 인간관계
이다. 미식의 장에는 경제적으로 성공한 사람들이 모인다.
그런 사람들과의 신선하고 자극적인 대화는 음식 못지않
은 행복을 준다.

미식가들은 저마다 전문 분야가 매우 다양하다. 그래서
일로는 만날 수 없는 각계각층의 저명인사나 연예인, 인플
루언서도 만날 수 있다. 나는 거의 매일 밤 이들과 술자리
를 하면서 매력적인 정보를 듣고 때론 열띤 토론도 한다.
그러다 새로운 아이디어가 떠올라 구체적으로 사업에 접
목하기도 한다. 맛집 정보를 제공하는 앱 '데리야키'나 '와
규마피아'는 그동안 술과 음식에 돈을 쓴 경험으로 낳은 사
업이다.

"창업하기 위해 돈을 모으고 있습니다!"라면서 식사는
항상 '요시노야(일본의 규동 체인점 – 옮긴이)'에서 500엔짜리 규
동을 먹거나, 맥도날드 햄버거로 대충 때우는 젊은이들이
있다. 요시노야 규동이나 맥도날드 햄버거가 맛없다는 이
야기는 아니지만, 그렇다고 딱히 권하고 싶은 음식은 아니
라는 점에 대부분이 동의할 것이다.

먹는 데는 쩨쩨하게 굴지 말고 돈을 써라. 쓴 것 이상의 기회가 열리고 지식을 채워줄 무엇인가가 돌아올 것이다. 무엇보다 여러분 개인의 평판을 높여줄 것이다. 싸게 적당히 배를 채우는 음식으로 혼자 밥을 먹으면 그 횟수만큼 인생이라는 무대의 격을 높일 기회를 잃는다는 것을 빨리 깨닫기 바란다.

나는 점심으로 장어덮밥을 추천한다. 몇백 엔짜리 체인점 장어덮밥이 아니라 아사쿠사나 니혼바시의 전통 있는 식당의 장어덮밥을 먹길 바란다. 식사 한 끼의 가격은 5,000엔이 넘지만, 인생의 수업료라고 생각하면 그리 비싼 가격도 아니다.

점심으로 전통 있는 장어덮밥 식당에서 식사하는 사람 대부분은 부자다. 대화의 수준도 자연스레 높을 수밖에 없다. 이런 사람들 사이에 있다 보면 생각지도 못한 만남의 기회가 늘어난다. "점심으로 이런 곳에서 장어덮밥을 먹다니 재미있는 젊은이군. 다른 집에도 내가 한번 데리고 가야겠어."라며 말을 걸어올지도 모른다. 이 말이 터무니없다고 생각하는가?

비싼 점심은 외식 산업의 구조에 대해 생각해볼 수 있는 절호의 기회이기도 하다. 5,000엔짜리 장어덮밥을 먹는다는 것은 단순히 허기를 채운다는 의미를 넘어 그야말로 정보 샤워를 한다는 의미이다. 요즘 같은 세상에 한 끼 5,000엔이나 하는 식당에 어떤 손님이 오는지, 시간이 지나도 맛과 인기를 유지하는 비법은 무엇인지, 전반적인 경영 프로세스는 어떻게 짜여 있는지 등과 같은 정보가 궁금해질 것이다.

이렇게만 봐도 맛있는 음식을 위한 지출은 나쁜 점이 하나도 없다.

스마트폰은 언제나 최신형, 최고 스펙으로

어렸을 때 우리 집 주변에는 놀이터가 없었다. 제대로 된 공원도 하나 없었다. 동네에서 미끄럼틀을 타거나 모래 장난을 하며 놀았던 기억이 거의 없다. 광활한 자연은 좋았지만, 아이들의 호기심을 채워줄 만한 놀이가 없었다.

초등학교에 들어가기 전에 나는 온종일 집에서 백과사전을 읽었다. 부모님을 비롯해 다듬어진 정보나 새로운 시류에 관해 이야기해줄 수 있는 어른이 없었던 이유도 있지만, 나의 호기심을 채우기에는 백과사전만큼 적절한 것도 없었다. 어린 시절 백과사전에 흠뻑 빠지는 독서는 미지의 정보로 샤워하는 원체험이라 할 수 있었다.

이때부터 정보의 가치를 알았던 것은 아니다. 그저 궁금한 것을 참지 못하고 어떻게든 해소하고 싶었다. 당시 나는 원시적인 욕구로 가득 차 있었다. 유치원 무렵부터 지적 호기심이 남달리 강한 성격이었다.

모르던 것을 새로 알게 되면 세상을 바라보는 시야가 넓어지고 하고 싶은 일도 많아진다. 대신 이 감각은 정보를 계속 쌓지 않으면 무뎌진다. 나는 어릴 때부터 정보를 쌓으며 내 시야가 넓어지는 기쁨을 느끼고 이 감각을 유지하기 위해 꾸준히 노력했고, 지금도 계속 노력하고 있다.

중학교 때 PC에 빠지면서 나의 지적 호기심은 더 폭발했다. 내가 지금 10대였다면 틀림없이 스마트폰에 중독됐을 것이다. 그런데 어른들은 '스마트폰을 많이 쓸수록 성적이 떨어진다.'라는 이야기를 많이들 한다. 이는 해외 유명 대학 등에서 발표한 연구 결과에도 나와 있다. 스마트폰을 장시간 사용하면 아이들의 성적이 크게 떨어지고 정신적으로도 나쁜 영향이 나타난다고 한다. 젊은이들의 불안장애, 우울증 발생에 스마트폰의 장시간 이용이 영향을 미친다는 발표도 있다.

이런 결과 자체에는 긍정도 부정도 하지 않겠다. 그러나 이런 결과를 들이밀며 '스마트폰이 아이들에게 나쁜 영향을 미치니 사용을 금지해야 한다!'라는 주장은 지나친 비약이라고 말하고 싶다. 이런 주장은 '교통사고가 발생하니 자동차를 모두 없애야 한다!'라는 주장과 다를 바 없다. 앞서 이야기한 결과는 스마트폰을 잘못 사용했을 때의 문제일 뿐이다. 가만히 있는 스마트폰은 죄가 없다.

어른들이 아이들에게 이 유용한 도구를 잘 사용할 수 있는 올바른 사용법을 가르쳐야 한다. 스마트폰을 못 쓰게 해도 아이들의 성적이 오를 일은 없다. 스마트폰 이전에도 비디오 게임이, 애니메이션이, 만화책이 성적 저하의 원인으로 지목됐었다. 하지만 학생 시절에 게임에 빠지거나 만화를 신나게 읽고 도쿄대에 합격하는 학생도 많다. 머리가 좋은 아이들은 뭘 해도 성적이 좋고, 공부하려는 의지가 있는 아이들은 그냥 둬도 알아서 성적을 낸다. 이런 현실을 보면서도 '성적이 떨어진다.'라는 이유로 유용한 학습 도구일 수 있는 스마트폰을 제한하는 것은 그다지 좋은 결정이 아니다. 의욕적인 아이들의 지적 호기심을 채우는 데 스마트폰만 한 것도 없다.

스마트폰이 아니더라도 좋은 정보를 얻을 수 있고 얼마든지 신선한 만남을 가질 수 있다는 주장도 일리 있다. 그러나 솔직하게 "스마트폰이 있으면 더 쉽게 해결할 수 있어."라고 말해주는 것이 현명한 어른 아닐까? **핵심은 스마트폰을 쓰느냐 마느냐 이전에, 스마트폰으로 무엇을 할지 방향 설정을 잘하는 것이다.** 스마트폰 자체는 그냥 마음껏 쓰게 내버려두고, 괜히 주위에서 방해하지 말자.

나는 어릴 때 "만화를 보면 바보가 된다.", "TV는 공부에 방해가 된다."라는 말을 귀에 못이 박히게 듣고 자랐다. 공부에 방해가 된다며 부모님이 PC를 내다 버린 적도 있다. 좋아하는 일은 매번 부모님의 반대에 부딪혔다.

그러나 결국 어른이 돼서 도움 된 것은 그렇게 부모님과 싸우면서도 놓지 않은 컴퓨터 지식과 TV며 만화로 기른 트렌디한 감성이었다. 즐거운 놀이의 부정적인 면밖에 보지 못하는 어른의 의견에 따라봤자 뻔하디뻔한 어른으로밖에 자라지 않는다. 그러니까 "스마트폰을 마음껏 하라!"는 것이다.

가능하다면 스마트폰은 저가폰보다 대기업 제품을 쓰기 바란다. 저가폰은 설정이 귀찮고 사용에 제한도 많다.

중요한 정보를 얻기 위한 도구에 돈을 아끼면 그만큼 들어오는 정보의 질도 떨어질 수 있다. 정보야말로 새로운 가치를 낳는 원료이다. 가격 따위 신경 쓰지 말고 항상 최신, 최고 스펙의 스마트폰을 고르자.

'꺾이지 않는 마음'의 지지대는 체력이다

아침에 자고 일어나 별다른 일정이 없으면 나는 헬스장에 가서 운동을 한다. 러닝머신을 뛰기도 하고 수영, 킥복싱 등 그때그때 기분에 따라 종목을 골라 땀을 흘린다. 해외여행을 가서도 호텔 헬스장을 이용하거나 챙겨간 조깅복을 입고 주변을 돌기도 한다. 20대부터 이어온 습관이다. 아니 습관이라기보다 이제 꼭 개인적으로 지키려고 애쓰는 일정 중 하나가 됐다.

내가 운동을 하는 목적은 체형 유지이다. 체력을 단련하거나 건강을 위해서가 아니다. 운동을 많이 안 해도 체형을 유지할 수 있다면 하지 않을 것이다. 땀나고 힘든 운동은 하기 싫은 것이 당연한 것 아닌가? 러닝은 에너지를 소비하기 위해 억지로 싫은 마음을 참으며 하고 있다. 개인적인 견해이지만, 건강관리와 운동은 생각보다 큰 상관관계가 없는 것 같다. 건강을 유지하는 데는 운동보다 정신적인 스트레스가 더 큰 영향을 미치는 것 같다.

그래도 이렇게 꾸준히 운동한 덕분인지, 사람들은 나의 체력이 경이로운 수준이라고 칭찬한다. 내 일상은 여러 가지 일을 동시에 진행하는 힘, '다동력'을 발휘하는 날들의 연속이지만 걱정될 만큼의 피로를 느낀 적은 거의 없다. 사업가 중에 정력적이지 않은 사람은 드물지만, 나 정도의 페이스로 살 수 있는 사람도 그렇게 많지 않다. 한번은 내 다큐멘터리를 촬영하기 위해 밀착 취재를 나왔던 팀이 있었는데, 내 일정을 함께 소화하느라 지쳐 채 사흘을 버티지 못했다. 보통 사람보다 뛰어난 체력은 나의 핵심 가치 중하나이다.

골프는 물론 계곡 등반이나 뮤직 페스티벌 등 체력 소모가 큰 레저 활동도 좋아한다. 나이가 올해로 만 48세이지만, 내 체력은 청년 시절과 별반 차이가 없다. 섹스도 잘 즐기고 있다. 강인한 체력은 나와 같은 '다동력 인생'에 필수다. 바꿔 말해 나처럼 시간을 철저히 최적화한 일정에 적응하다 보면, 그에 상응하는 체력은 자연스레 길러진다.

최근에는 해외에서 열리는 아이언맨 월드챔피언십 대회에도 나가고 있다. 그 대회는 수영 3.8킬로미터, 사이클 180.2킬로미터, 마라톤 42.195킬로미터를 모두 완주해야 하는 혹독한 코스로 유명하다.

나는 독일과 미국에서 열린 대회에는 팀으로 참가했다. 덴마크 코펜하겐 대회 때는 14시간 만에 코스를 완주했다. 일본의 저명인사 중에 아이언맨 월드챔피언십 대회를 완주한 사람은 개그맨 야스다와 프로야구팀 야쿠르트의 전 감독 후루타 아쓰야 정도라고 한다. 나의 완주 기록인 14시간은 후루타 전 감독의 기록보다 빠른 것이다.

나는 대회에 나가기 전에 장비를 준비하는 것 외에 대회를 위해 별다른 훈련을 하지 않는다. 평소와 똑같이 생활한다. 다른 참가자들은 경기를 위해 특별 훈련을 열심히 한다고 하는데, 나는 한 번도 그렇게 해본 적이 없다. 평상시 체력으로 도전해도 완주할 수 있기 때문이다.

물론 경기 중에는 매우 힘들다. '왜 사서 고생이지?'라는 생각에 도망치고 싶을 때도 있다. 그래도 꺾이지 않는 마음만 있으면 결승선까지 갈 수 있다. 마침내 결승선을 넘을 때면 무엇과도 바꿀 수 없는 자신감이 차오른다.

꺾이지 않는 마음의 근본적인 지지대는 체력이다. 일이든 놀이든, 체력이 부족해 중간에 그만둘 때면 억울하지 않은가? 스스로 정한 목표를 달성해 최고의 경치를 보기 위해 체력은 평소에 길러둬야 한다.

샐러리맨이 헬스장을 꾸준히 다니기란 쉬운 일이 아니다. 그래서 나는 '숙박 중인 호텔 시설 부속의 헬스장을 이용한다.', '예쁜 트레이너에게 지도받는다.', '질리지 않는 프로그램을 짠다.' 등 다양한 방법을 동원해 스스로 동기부여를 하고 있다. 자신에게 맞는 다양한 유인책을 활용하면 헬스장에 꾸준히 다닐 수 있을 것이다.

시대를 읽는 '사고 근육' 단련법

이메일 매거진에 서평을 쓰기 위해 요즘도 신간 도서들을 정기적으로 읽고 있다. 회식 자리에서 어떤 재미있는 사람의 책이 잘 팔린다는 이야기를 들으면 그 자리에서 바로 아마존으로 주문한다. 나는 아마 바쁜 사업가 중에서는 비교적 부지런히 신간 도서를 읽는 편일 것이다.

어릴 때부터 묵묵히 많은 양의 글을 읽는 것이 내게는 커다란 즐거움이었다. 과학 잡지나 역사서, 전기 등 장르를 불문하고 다독했다. 하지만 2011년에 잠시 수감됐을 때는 직원들이 넣어주는 책과 잡지, 그리고 블로그나 이메일 매거진을 프린트한 문서가 정보를 얻는 유일한 통로였다.

세상에서 격리된 채로 '정보의 벽'을 넘기 위해 할 수 있는 활동이 독서밖에 없었던 상황이었다. 그래서 수감 중에 대략 1,000권 정도의 책을 읽었다. 그래도 성실한 독서 덕에 정보가 뒤처지지 않을 수 있어 옥중에서도 이메일 매거진을 쓰는 등 평소와 다름없이 일할 수 있었다.

독서를 꾸준히 하면 '사고 근육'을 유지할 수 있다. 꼭 두꺼운 소설이나 전문 서적이 아니라도 된다. 사실에 근거한 만화도 좋다. 스토리를 따라 차분히 읽기만 해도 사고 근육을 단련할 수 있다. 사고 근육은 사물을 깊이 파고들어 본질을 꿰뚫어 보는 데 필요하다. 사물을 깊이 파고들 때 속도감이 더해지면 더할 나위 없다. 어른이 돼서도 사고 근육을 충분히 단련할 수 있으니 무엇이든 꾸준히 읽을 것을 추천한다. 물론 사고 근육을 단련하는 데 독서가 반드시 최선이라는 말은 아니다. 멋진 사람을 만나 재미있는 이야기를 듣거나, 특이한 장소에서 흥미로운 체험을 자꾸 하다 보면 사고 근육이 자연스레 활성화된다.

이런 측면에서 보자면 독서가 물론 좋긴 하지만, 시간 대비 효율이 좋은 사고 근육 단련법이라 보기는 어렵다. 정보 수집의 속도 면에서 보면 잘 정리된 뉴스 미디어를 읽는 것이 빠르다. 방법을 선택할 수 있다면 고민하지 말고 체험을 최우선으로 고르는 것이 좋다. 나는 독서가 최고라고 주장하지는 않는다. '읽고 싶으면 읽으면 된다.' 정도로 생각한다. 중요한 것은 사고 근육을 유지하는 것이니까.

꼭 시간을 들여 정독할 필요도 없다. 요점만 파악해 읽는 독서법이면 충분하다. 책을 많이 읽다 보면 빨리 읽는 요령이 생긴다. 산 책을 닥치는 대로 가볍게 훑어보는 독서법을 추천한다.

나는 독서는 좋아하지만 종이책은 선호하지 않는다. 예전에는 책이 많았지만 어느 순간부터 공간을 많이 차지하는 것이 부담되기 시작했다. 책을 사서 두 번 이상 다시 읽는 경우는 드물다. 만화든 베스트셀러든 다 전자책이면 충분하다.

SNS 상에서 "호리에몽은 언젠가 책이 사라질 것이라고 말해놓고 정작 자신은 책을 많이 내는 이상한 사람이다!"라며 트집 잡는 사람을 봤다. 이런 오해는 하지 않기 바란다. 나는 책이 사라진다는 말은 한 번도 하지 않았다. 지식과 정보가 응축된 형태인 책은 앞으로도 나름의 역할을 할 것이다. 시대가 바뀌어도 집에 책이 많은 사람은 왠지 지적으로 보인다. 이 효과만으로도 종이책은 그 명맥을 이어갈 것이다.

물론 똑똑해 보이고 싶어 책을 장식으로 꽂아두기만 해서는 안 된다. 토마 피케티의 《21세기 자본》이나 유발 하라리의 《사피엔스》 등은 사업가들에게도 많이 팔린 책이지만, 끝까지 읽은 사람은 일부에 지나지 않을 것이다. 이렇게 지적 허세를 위해 책을 사고 있다면 차라리 그 돈을 노는 데 투자하는 편이 수익성의 측면에서 좋다.

2차 세계대전 이후 일본 최대의 창업주 중 한 명이자 혼다 그룹을 세운 혼다 소이치로는 독서를 싫어하기로 유명했다. 그는 책을 읽으면 글 속 사상에 사로잡혀 퇴보하는 느낌이 든다고 했다.

그런 말을 한 그조차도 아예 독서를 하지 않았던 것은 아니다. "나는 담화물(서로 주고받은 이야기를 기록한 글)만 읽는다." 책은 싫어했을지 몰라도 읽고 싶은 것은 아마도 열중해 읽었을 것이다. 시대의 흐름을 놓치지 않기 위해서라도 정보 습득을 게을리해서는 안 된다.

세상에 '아무거나 괜찮은' 것은 없다

중년의 샐러리맨 중에는 "옷은 아무거나 괜찮다. 아내나 애인이 골라주는 것이면 충분하다."라고 말하는 사람이 많다. 내가 정말 싫어하는 사고방식이다. 다시 말하지만, 아무 옷이나 가리지 않고 입는다는 것은 사고 회로의 한 부분을 꺼뜨리는 것이다.

명품을 고집할 필요는 없지만 자기가 입을 옷 정도는 스스로 생각해 골라야 한다. 각 상황에 맞는 복장 예절도 고려해야 하고, 젊은 사람들에게 인기 있는 스타일과 유행도 알아보는 등 머리를 써야 할 포인트는 얼마든지 있다.

복장에는 사고의 양과 사회인으로서의 센스가 여실히

드러난다. 다케우치 이치로의 《사람은 분위기가 90%》에서의 지적은 대체로 정확하다. 비언어적 커뮤니케이션으로 사람의 재치와 역량을 짐작할 수 있다는 말은 결코 거짓이 아니다.

온몸을 최신 유행의 세일 상품으로 두르고 다녀도 상관없다. 깔끔하고 청결하며 연령과 체형에 맞는 옷을 골라 입어야 한다는 점이 중요하다. 나는 어깨에 비듬이 허옇게 떨어져 있거나 자신에게 어울리지 않는 이상한 옷을 입고 다니는 사람은 가능한 한 피한다. 제아무리 유명인이라 해도 옷에 신경 쓰지 않는 사람과는 가까워지고 싶지 않다.

젊은 사람 중에는 구제 옷을 좋아하는 사람도 많을 것이다. 흔치 않으면서도 빈티지한 구제 옷을 패션의 포인트로 입는 것은 좋다. 하지만 단지 싸다는 이유로 온몸을 구제 옷으로 휘감고 다니는 것은 권장하지 않는다.

가능하다면 새 옷을 고르는 것이 좋다. 비싼 옷이 아니라도 된다. 최소한의 복장 예절을 지키면서 청결한 느낌의 메이커 제품을 조합해 자신에게 어울리는 스타일을 찾으면 된다. 도움이 된다면 패션 잡지나 패셔니스타의 개인 채널을 참조하는 방법도 추천한다.

유행에 둔감한 사람에게 유망한 사업의 기회가 찾아올 리가 없다. 새 옷을 고르다 보면 그때그때의 유행에 민감해진다. 계절에 맞춰 새 옷을 정기적으로 사다 보면 체형을 관리하는 습관도 생길 것이다. 유행하는 깔끔한 새 옷을 멋스럽게 차려입는 것만으로도 다양한 사고의 기회가 생기고, 여러분을 바라보는 다른 사람들의 눈도 달라질 것이다.

옷을 보관할 공간이 문제 될 수 있다. 계절마다 새 옷을 사면 옷장이 금세 꽉 찬다. 나는 현재 집이 없어 짐이라고 해봐야 수트케이스에 들어가는 정도밖에 안 되는데, 그마저도 대부분은 역시 옷이다. 결혼식이나 시상식처럼 격식을 갖춰야 하는 일도 있어 맞춤 양복 한 벌은 그래도 가지고 있어야 하는 등, 옷의 절대적인 수량을 줄이는 데에는 한계가 있다.

공유 자동차, 공유 주방, 공유 사무실 다음으로 공유 옷장, 즉 옷의 '오프 프레미스off-premises'는 향후 나의 과제 중 하나이다. 사지 않아도 항상 새 옷을 골라 입을 수 있는 서비스가 빨리 보급되면 좋겠다.

이미 패션 렌탈 서비스를 하는 업체가 몇 군데 생겼다.

시작 단계라 이용자가 아직은 많지 않은 것 같은데, 앞으로 거는 기대가 크다. 이용자의 구글 캘린더와 연동해 지인의 결혼식이 있으면 턱시도를 보내주고, 바다로 갈 일이 생기면 수영복을 보내주는 등 서비스가 향상되는 날이 곧 오리라 기대하고 있다.

"이런 것은 어떤가요? 최신 유행입니다."라는 식의 추천 코디 기능도 생기면 좋겠다. 옷을 어디에 보관할지는 상당히 많은 사람의 고민거리일 것이다. 이 고민에 명쾌한 해답을 주는 서비스, 옷을 사는 대신 렌탈하는 시대가 머지않았다.

용기도 돈처럼 타이밍에 맞게 아낌없이 써라

성공하기 위해서는 '작은 성공 경험을 쌓는 것'만 한 게 없다. 앞에서도 언급했듯이 나도 학생 때는 여성들에게 인기가 없었다. 그러다 여성에게 용기 내 말을 걸어보는 등 작은 시도들을 쌓이는 사이 '어? 이거 되겠는데?' 하는 자신감이 생겼다.

성공 경험이 쌓일수록 사람은 대담해진다. 더 큰 성공을 하기 위해서는 대담함이 필요하다. 여성에게 접근할 때는 주위의 평판에 주눅 들지 말고, 또 실패했을 때의 무안함에 신경 쓰지 말고 대담하게 다가가자. 성격이 소심한 사람들은 '어차피 여자들이 상대도 안 할 텐데…'라며 의기소

침할 것을 잘 안다. 지금의 나를 아는 사람은 믿기 힘들 수도 있지만, 예전에는 나도 그랬다.

〈연애공학〉이라는 이메일 매거진을 발행하는 작가 후지사와 가즈키는 남자의 인기를 이렇게 정의한다.

남자의 인기	=	적중률 (한 번에 성공할 확률)	×	시행 횟수 (여성과 단둘이서 나누는 대화)

적중률이 어떻건 간에 결국 시도하면 할수록 인기가 높아진다는 뜻이다. 용기를 내고 대담하게 계속 도전하라. 성공 경험이 하나둘씩 쌓이다 보면 어느새 인기 없던 자신은 먼 옛날 일로 느껴질 것이다.

행동하고 바보 취급당하는 것보다, 아무것도 하지 않는 것이야말로 부끄러운 일이다. 용기 내어 계속 도전하는 것이 왜 바보 취급당할 일인가? 조금만 용기 내어 시도하다 보면 결국 성공할 수 있는데, 기회를 빤히 놓치고서는 성공한 사람을 질투하고 부러워하는 것이 몇 배는 부끄러운 일이다.

주저하지 말고 용기를 내라. 용기도 돈처럼 마구 써야한다. 여성과 데이트할 때도 대담하게 써라! 애매하게 구는 사람은 인기가 없을 뿐 아니라 성공 경험을 쌓는 데도 실패한다.

　일도 마찬가지이다. 작은 성공을 차곡차곡 쌓아가는 것이 중요하다. 미디어에 등장하기 시작했을 때 내게는 '시골 출신의 젊은 창업가'라는 이미지가 있었다. 윗세대 어른들에게 나는 고생과 인내를 모르고 운 좋게 IT로 대박을 터뜨린 애송이로 비쳤을 것이다. 물론 나에 대해 제대로 모른 채 말하는 일방적인 매도였다.

　참을성이 없는 것은 맞지만, 고생을 모른다는 말은 인정할 수 없었다. 아무것도 없는 무의 상태에서 창업해 고객이 없던 IT 분야를 오로지 우리들의 힘만으로 개척했다. 밑바닥에서 시작해 10년도 안 돼 프로야구단과 방송사를 인수할 수 있는 회사로 성장시켰다. 상식적으로 생각해도 운만으로 될 일들이 아니다. 물론 나에게는 이 일들이 그다지 고생스럽게 느껴지지 않았지만.

　당시 한 TV 토론회에 저명한 경영 컨설턴트와 함께 출연한 적이 있다. 그는 나보다 서른 살 가까이 나이가 많은 아저씨였다. 정확한 이유는 모르겠지만 그는 처음부터 나

에게 상당히 비판적이었다. "자네처럼 젊은 사람에게 후지
TV 경영은 무리지."라고 힘줘 말했다. 나는 바로 받아쳤다.
"할 수 있습니다. 대체 무슨 근거로 그렇게 말씀하시는 겁
니까? 저는 지난 10년 동안 한 회사의 사장직을 잘 수행해
오고 있습니다!"라고.

나의 이런 태도는 세상 사람들의 눈에 거슬렸을 것이
다. 나의 10년 경력과 후지TV의 경영은 그 규모부터 완전
히 다르다고 생각하는 쪽이 대부분이었을 테니까. 그러나
나는 한 회사의 사장으로 제로에서 시작해 성과를 하나하
나 일궈가며 대기업 못지않은 규모로 회사를 키워냈다. 평
사원에서 시작해 한 단계 한 단계 승진해 올라온 월급 사
장과 비교해도 내 경영 능력이 떨어지리라 생각지 않는다.

그렇다고 내가 성공가도만 걸은 것은 아니다. 말 못 할
실패도 많았다. 번 아웃에 빠진 적도 있었다. 그럼에도 나
는 도전과 행동을 멈추지 않았다. 의외일지도 모르겠지만,
나의 가장 큰 무기는 젊음과 패기가 아니라 압도적인 경험
의 양이다. 30대 초반에 회사를 경영하며 겪을 수 있는 대
부분의 경험을 했다고 자부한다. 방송국 경영 정도는 할 수
있다는 확신이 있었다. 물론 지금은 할 생각이 없어졌지만.

사업이란 0을 1로, 1을 10으로, 10을 20 이상으로 키워 가는 일이다. 이러한 과정을 중도에 포기하지 않는 집중력과 끈기야말로 성공의 핵심이다. 운이나 우연에 맡기고 편히 성공할 방법은 이 세상 어디에도 없다.

'소중한 물건'이라는 것도 결국 환상일 뿐이다

초등학교 때부터 중학교에 들어가서까지 나의 취미는 우표 수집이었다. 아이의 용돈으로 살 수 있는 것이야 빤했지만, 갖고 싶은 것을 하나하나 사 모으는 기쁨이 있었다. 그러다 어느 순간 문득 깨닫게 됐다. '아무리 귀중한 희귀 우표도 돈만 있으면 결국 다 살 수 있는 거 아냐?'라는 생각이었다.

예를 들어 1800년대 후반 메이지 초기에 발행된 일본 최초의 우표, 류몬 우표는 거꾸로 잘못 인쇄된 물량이 있다. 원래대로라면 불량 우표에 불과했겠지만, 일본 최초의 우표였기 때문에 단순한 불량이 아니라 우표의 희소성을 더하는 스토리가 되었다. 이 물량은 개인 간에 3,000만 엔이 넘는 금액에 거래된다. 경매에 내놓으면 1억 엔도 넘을 것이라고 한다. 누군가는 고작 우표 1장 값으로 터무니없는 가격이라 말하겠지만, 다르게 생각하면 이렇게 귀한 것도 1억 엔이면 손에 쥘 수 있다는 것이다.

"얼마나 갖고 싶은지와 상관없이 돈만 많으면 가질 수 있다? 이런 물건에 과연 가치가 있다고 할 수 있을까?"

이런 의문이 들자 우표 수집 욕구가 싹 사라졌다.

소유는 물건을 살 기회와 이를 뒷받침할 경제력이 있다는 사실을 드러내는 과시에 불과한 경우가 많다. 소유 자체에는 어떤 의미도 없다. 나는 그동안 모았던 우표를 싹 다 팔아버렸다. 그 이후로는 가능한 물건을 소유하지 않는 인생을 살고 있다.

많은 사람이 일에 필요한 도구나 옷, 선물, 여행의 추억이 담긴 기념품 등 많은 물건을 끌어안고 산다. 그러나 '소중한 것'이라는 생각은 그저 환상일 뿐, 실은 불필요한 물건이 대부분이다. '불필요한 물건'이라는 표현이 조금 지나칠지 몰라도, 없어지거나 잃어버려도 생활에는 아무 지장이 없는 물건이라는 뜻이다.

오히려 물건은 물건을 소유한 사람의 결단이나 행동을 구속하는 경우가 많다. '소중한 것'이라 믿는 물건이 있으면 정말 소중히 여겨야 하는 것을 소중히 하는 데에 장애물이 될 때도 있다.

나는 소유욕에서 완전히 해방됐다. 성인이 되고 나서도 아끼던 몇몇 물건이 있었는데, 이마저도 라이브도어 사건으로 재판받고 수감되기 직전에 대부분 처분했다. 이때 임대아파트도 처리했다. 정해진 주거지도 집착도 없는 살아가는, 진정한 '단샤리斷捨離('끊고, 버리고, 떠난다'는 뜻. 2011년 동일본 대지진 후 열풍이 분 정리법이자 삶의 방식－옮긴이)' 생활을 시작했다.

물건을 버리자 생활의 생동감이 더해졌다. 접하는 정보나 만나는 세계의 수준이 달라졌다. 주변의 물건을 없애니 정말로 중요한 것이 무엇인지 자신 안에서 더 명확해지는 느낌이 들게 됐다.

많은 사람이 자기 물건을 "버릴 수가 없다.", "버리면 안 된다."라고 말한다. 이런 사람들에게 묻고 싶다. "정말로 버리면 안 된다고 생각하는가?", "소중한 것이라기보다 물건에 얽힌 인간관계나, 그 물건이 주는 안정감 때문에 차마 버리지 못하는 것이 아닌가?"라고.

물건에 대한 애착은 방향이 엇나간 안정감일 뿐이다. 물건을 끌어안고 느끼는 만족감보다 이를 대담하게 버리고 새로 출발하는 상쾌함을 선택하기 바란다.

물건은 불안을 증폭시키는 기폭제이기도 하다. '잃어버리면 어떡하지?', '없어지면 큰일인데.'라는 쓸데없는 불안이 생긴다. 생각해보라. 아무것도 소유하지 않은 갓난아이에게 불안이 있겠는가? 아무것도 소유하지 않을 때 정말 행복하게 살 수 있다. 소유욕이라는 것이 없었던 갓난아이로 돌아가는 것이다. 아무 힘도 없는 것처럼 보이지만 갓난아이의 천진난만함에는 눈에 보이지 않는 힘이 있다. 진정 행복하게 웃는 갓난아이 상태가 되면 분명 여러분을 도와줄 누군가가 나타날 것이다.

걸리적거리거나 방해되는 물건은 몽땅 버리자. 버리기 싫다면 통 크게 다른 사람들에게 나눠주면 된다. 새 주인을 만난 물건도 새로운 쓰임이 생기니 일석이조가 아니겠는가? 물건에 대한 집착에서 벗어나 홀가분하게 살아보는 것이다.

꺾이지 않는 마음의 근본적인 지지대
는 체력이다. 일이든 놀이든, 체력이
부족해 중간에 그만둘 때면 억울하지
않은가? 스스로 정한 목표를 달성해
최고의 경치를 보기 위해 체력은 평소
에 길러둬야 한다.

———

행동하고 바보 취급당하는 것보다, 아
무것도 하지 않는 것이야말로 부끄러
운 일이다. 조금만 용기 내어 시도하
다 보면 결국 성공할 수 있는데, 기회
를 빤히 놓치고서는 성공한 사람을 질
투하고 부러워하는 것이 몇 배는 부끄
러운 일이다.

당신의 돈을
브랜드로 바꾸는 법

당신이 쓴 돈은 반드시 당신에게 돌아온다. '신용'이라는 이름의 브랜드로
바뀌어서. 잇속 계산이나 꿍꿍이는 필요 없다. 순수함을 잊지 마라. '지금'
만 바라보는 열정이 미래에 결실을 맺어줄 것이다.

공적은 남에게 넘겨라

대개 일을 하며 가장 바라는 것은 역시 돈이고, 그다음은 아마도 인정받기를 바라는 마음, 공적일 것이다. 공을 많이 들인 일일수록 더 그럴 것이다. 어떤 때에는 돈보다도 공적을 우선하기도 한다. 회사 일을 하다 갈등을 빚게 되면 "돈은 됐으니 공적만 내 것으로 해달라."고 부탁하는 경우도 의외로 많다.

공적은 물론 매력적이다. 그런데 공적은 돈과 달리 정확히 나누기 어렵다. 숫자로 정확히 환산되는 돈과 달리 분쟁의 씨앗이 될 수 있어 골치 아플 때도 많다. 그만큼 사람들은 공적을 독점하고 싶어 한다. 일을 제대로 하지 않은 사람이 공적을 가로채어가거나, 공과를 구분하는 상황이 되면 "아니, 그 사람이 뭘 한 게 있다고!"라며 분노가 폭발한다.

나는 돈도 그렇지만 공적에 대해서도 잘못된 교육으로 인한 편견이 있다고 생각한다. 어릴 적부터 공적 많은 사람이 훌륭하고 대단하다고 교육받으며 자란다. 인정받을수록 그 사람에 대한 평가가 높아지는 일종의 인정 저축 시스템, "노력해서 인정받는 사람이 되어라." 이것이 바로 일본 교육의 근간에 자리한 본질인 것이다.

물론 공적을 쌓는 것이 나쁘다는 이야기는 아니다. 큰 실적을 올려 받은 포상으로 어려운 사람들을 돕거나 사회에 공헌할 수 있다면 이는 매우 훌륭한 일이다. 단, 공적을 쌓기 위한 노력과 함께 때로는 공적을 포기하는 대범함과 그 의미도 가르쳐야 한다는 말이다. 이를 어릴 적부터 배운 적이 없어 자그마한 공적으로도 싸우고 질투하며 서로의 발목을 잡는 것이다.

그 공적을 나누기가 쉽지 않은 것의 연장선에서, 공적이라는 개념은 추상적이다. 어떤 가치가 있고 구체적으로 어떤 의미에서 득이 되며, 나아가 본질적으로 어떤 효용이 있는지 정확히 알 수가 없다. 다들 잘 모르면서 '많으면 많을수록 어쨌든 좋은 것'이라고 무작정 믿고 있다. 이런 점에서 공적은 돈과 닮았다.

학교뿐 아니라 회사, 사회라는 개념 모두 실체가 없다는 점을 이용해 전 국민에게 "어떤 노력이라도 의미 있다! 사람들에게 인정받을 수 있도록 노력하자!"라며 잘못된 믿음을 심는 것이다. 이것이 바로 '공적은 좋은 것'이라는 상식의 정체이다.

'공적을 세우고 싶다.', '인정받고 싶다.' 같은 동기로 행동해서는 안 된다. 돈과 마찬가지로 공적도 환상에 불과하다. 그런 것은 다른 사람에게 줘버려라. 공적은 갖고 있어 봤자 번거롭고 자신의 심지만 흔들리게 할 뿐이다. 공적을 노리고 이상한 사람이 접근해올 수도 있고, 아무튼 의외로 장점이 없다. 공적을 선물처럼 누군가에게 주면 오히려 주위 사람들이 감사해한다. 이 선순환이 구르기 시작하면 만나는 사람이나 들어오는 정보의 질도 올라간다. 공적을 잘 나눌 줄 아는 사람에게는 자연스레 좋은 인연이 찾아온다. 이런 점에서도 공적은 돈과 비슷하다.

인정 욕구는 성가신 잡념이다. 본인은 순수하게 열심히 하고 있다고 생각해도 인정 욕구가 마음속에 자리하고 있으면 시야가 좁아져 다른 사람에게 폐를 끼치게 된다. 누구의 도움도 없이 혼자서 어떻게든 해보려고 무리하다가 더 나쁜 결과를 내기도 한다. 이게 다 일을 혼자서 해내면 인정을 받으리라는 욕심 때문이다.

인정 욕구가 강한 사람은 주위 사람들에게 민폐를 끼치게 마련이다. 남의 말에 잘 속기도 한다. 열심히만 하면 무조건 칭찬하는 사람들이 많은 것도 문제다. 노력에 대한 세상의 평가는 과장되어 있다. '결과보다 노력이 중요하다.'라는 가르침이 항상 좋은 것은 아니다.

열심히 하려는 태도는 당연히 좋다. 좋아하는 일을 마음껏 하는 것도 괜찮다. 그러나 무언가를 당장 하고 있는 것 자체에 신경이 쏠려 있지는 않은지, 마음속 깊은 곳에 인정받고 싶어 하는 욕심은 없는지 스스로 확인하는 습관을 들이자.

내가 누구에게나 밥을 잘 사는 이유

나는 공사를 불문하고 친구가 많다. 나는 친구를 사귈 때 재산이나 지명도, 나이, 사회적 지위 등은 상관하지 않는다. 함께 있으면 스마트함을 느낄 수 있는지, 또 함께 있는 시간이 즐거운지가 친구를 사귈 때의 기준이다.

어른이 되면 친구를 사귀기 어렵다고들 하는데 절대 그렇지 않다. 일할 때든 놀 때든 항상 같은 상황을 의식적으로 피해 새로운 시행착오나 도전을 계속하다 보면 자연스럽게 새로운 인연이 늘어난다. 스스로 친구를 잘 못 사귄다고 생각하는 사람들은 성격이 문제가 아니라 행동력이 약간 부족한 것뿐이다. 친구는 작정하고 만드는 것이 아니다.

자유롭게 내키는 대로 움직이다 보면 비슷한 행동을 하는 사람들과 동화돼 어느 순간 친구가 되는 것이다.

나는 차가워 보인다는 이야기도 종종 듣지만, 다양한 방면으로 사람들을 돕고 있다. 후배들의 사업 컨설팅을 무료로 해주고, 종종 돈을 빌려주기도 한다. 내 돈을 들여 자원봉사도 하고 있다. 조금이라도 나와 알고 지낸 사람들은 하나같이 "호리에몽은 사람들을 잘 챙긴다."라고 말한다. 금전이 됐든 인맥이 됐든 나는 크게 수고한다고 생각하지 않지만, 나에게 도움을 받은 사람들은 크게 도움 되었다고 고마워하는 일이 많다.

물론 친구라고 무턱대고 도와준다는 말은 아니다. 나는 최소한의 도움만 주고 그다음은 스스로 알아서 하게 내버려 둔다. 그것은 상대나 상황에 따라 다르지만, 비상 상황이 벌어졌을 때 나를 희생하면서까지 돕는 경우는 드물다.

10년도 더 전에 중앙경마회의 한 마주가 소개해줘서 사람 한 명을 알게 된 적이 있다. 그가 마주 클럽을 만들고 싶다고 했고, 나는 자금을 빌려줬다. 한동안 연락하고 지내다 라이브도어 사건을 전후해 연락이 뚝 끊겼다. 결국 빌려준

174

자금은 돌려받지 못했다.

그로부터 몇 년이 지나 갑자기 그쪽에서 연락이 왔다. 지병과 불경기로 사업이 기울어 힘드니 도와달라는 부탁이었다. 이야기를 들어보니 지병 때문은 아니고, 경영을 잘못해 벌어진 상황이었다. 이런 경우는 무시가 답이다.

스스로 애쓰고 노력하지 않았거나 마땅히 내야 할 성과를 내지 못한 사람의 부탁은 무시해야 한다. 옛날부터 아는 사이라도 마찬가지이다. 잘나갈 때는 거만하게 굴다가 상황이 어려워지면 언제 그랬냐는 듯 매달리는 사람들은 정말 최악이다.

처음부터 포기하고 아무런 노력을 하지 않는 사람도 싫다. 능력이 조금 떨어져도 상관없다. 주어진 능력으로 할 수 있는 최대치를 하기 위해 노력하고, 이렇게 일군 성과를 자신과 주위에 베풀려는 사람이 좋다. 나는 이런 사람을 높이 평가하고 지원해주고 싶다.

나는 밥만큼은 통 크게 잘 산다. 일을 잘하는 사람이든 좀 못하는 사람이든 가리지 않고 산다. 특별한 이유는 없다. 단지 맛있는 음식을 많은 사람과 나누고 싶다. 밥을 사면서 상대가 고마워하기를 바라거나, 언젠가 나에게 밥을 사기를 기대하지도 않는다. 나는 맛있는 음식을 먹을 때 행복하다. 그 행복을 나누는 것으로 충분하다.

같이 식사를 하면 상대가 재미있는 사람인지 판단하는 데 도움이 된다. 맛을 얼마나 잘 표현하는지, 식사할 때 어떻게 움직이는지, 대화를 어떤 방향으로 이끄는지 보면 그 사람이 어떤 사람인지 가늠할 수 있다. 대화 중에 상대의 사고방식이나 지식도 엿볼 수 있다. 언제 식사를 해도 재밌다고 느껴지는 사람은 대부분 사업 성적도 좋다. 반대로 식사 때 재미없는 사람은 어딘지 일도 잘 안 풀린다. 그런 사람과는 관계를 끊어버린다.

식사는 새로운 친구를 만드는 데 꽤 효율적인 수단이다. 상대의 지위나 경력은 따지지 말고 통 크게 밥을 사고 좋은 친구를 만들면 그걸로 충분하다.

사냥꾼은 갖고 싶은 것 앞에서 망설이지 않는다

나는 세상 사람들이 나를 어떻게 생각하는지 전혀 신경 쓰지 않는다. 아직도 나를 돈밖에 모르는 사람이라고 하는 사람도 적지 않지만, 오해를 풀기 위해 노력하는 것도 이제는 질려버렸다. 오해하고 싶은 사람은 그렇게 하면 된다. 그러나 나 같은 사람이라도 눈앞에서 나에 대한 선입견을 대놓고 티 내면 불쾌해지긴 마찬가지다.

한번은 이런 일이 있었다. 기자는 내가 "세상에서 돈으로 살 수 없는 것은 없다!"라고 말했다는 전제로 질문을 한 것이다. 그런 말은 호리에몽 어록에 없다. 나는 한 번도 "돈으로 살 수 없는 것은 없다!"라고 말한 적이 없다. 이 말은 과거에 구단 인수로 시끄러웠을 때 아사히 신문이 마음대로 뽑은 기사 제목이다. 아사히가 나에게 비판적이다 보니 부정적인 카피를 뽑아 세상을 자극하고 싶었을 것이다. 그들의 의도는 적중했고 이 때문에 여간 성가신 것이 아니다. 오해해도 어쩔 수 없지만, 내가 그런 말을 하지 않았다는 사실은 변하지 않는다. 끝까지 해명할 것이다.

"돈으로 살 수 있는, 갖고 싶은 것은 모두 사라!"

나는 "돈으로 살 수 없는 것은 없다!"라고 생각하지 않는다. 그러나 "돈으로 살 수 있는, 갖고 싶은 것은 모두 사라!"라는 주의이긴 하다. 많은 사람이 저축에 대한 강박으로 쇼핑을 자제하곤 한다. 돈을 쓰면 지갑이 얇아지고 저축액이 줄어든다. 현대인은 수중의 돈이 줄어드는 것에 대한 공포심이 매우 강하다. 불필요한 지출을 하는 것은 가능한 자제해야 하는 것 중 하나라고 생각하는 것 같다.

물론 저축액이 10만 엔밖에 없는데 100만 엔짜리 물건을 사려 한다면 이는 어리석은 짓이다. 분수에 맞지 않는 쇼핑은 자신을 망칠 뿐이다. 그러나 돈이 충분한데 '앞으로 더 중요한 일로 돈이 필요할지 모르니까.', '예금은 웬만하면 깨고 싶지 않으니까.'라는 이유로 쇼핑을 자제하는 사람들도 똑같이 어리석다. 갖고 싶은 물건이란 본인에게 유익한 정보가 담겨 있는 물건이란 뜻이다.

편리함 혹은 쾌적함을 높이거나 새로운 만남의 계기를 제공하는 등 긍정적인 효용이 있는 정보를 손에 넣을 기회가 생기는 것이다. 이를 빤히 알면서도 사지 않는 것은 현명하지 못하다. 저축액을 몽땅 다 써버리라고는 하지 않겠지만, 참으면서까지 갖고 싶은 것을 사지 않고 참는 것은 좋지 않다. 특히 최신 전자기기 같은 것은 '갖고 싶다.' 생각이 드는 순간 바로 살수록 이득이다.

정보에 민감한 사람들에게는 좋은 정보와 인맥이 몰리게 돼 있다. 잘나가는 경영자나 투자자는 하나같이 소지품은 많지 않지만, 새로운 전자기기는 제일 먼저 산다.

갖고 싶은 물건은 사고 싶을 때 바로 사자. **좋은 정보를 얻거나 빠르게 써볼 기회를 놓쳐서는 안 된다.** 현대사회에서 정보 수집이란 수렵 사회의 사냥과 같다. 사냥꾼처럼 정보를 낚아채 머릿속에서 요리한 다음 아웃풋을 내야 한다. 이렇게 하지 않으면 급변하는 시대의 흐름에서 살아남기 어렵다. 저축해야 한다는 강박에서 벗어나 갖고 싶은 것에는 아끼지 말고 돈을 쓰자.

정보 수집을 위해 강연회나 세미나에 가라고 추천하는 사람들도 있다. 가고 싶은 사람은 가도 상관없지만, 귀중한 돈과 시간을 소비하기 전에 정말 도움이 될 자리인지 먼저 따져보는 게 좋다. 강연회나 세미나에서 얻을 수 있는 정보는 강연자의 저서나 블로그에 있는 내용과 거의 비슷한 경우가 많다. 그렇다면 굳이 시간과 돈을 써가며 들으러 갈 가치가 있을까?

정열적인 강연자와 같은 공간에 있다는 흥분감에 기분이 좋을 수 있다. 그러나 정보 수집이라는 관점에서 보면 비효율적일 확률이 높다. 그 강연자의 책을 사서 읽는 것이 빠를 수도 있다. 의외로 물건을 사는 편이 시간을 잘 활용하는 방법일 때도 있다는 이야기이다.

1을 100으로 만드는 '투자형 사고'

나는 새로운 도전을 자제하고 돈과 시간을 묶어두면 리스크가 분산될 것이라는 사고를 '저축형 사고'라고 부른다. 그리고 앞서 여러 번 이야기했지만, 저축은 무의미하다. 사고에까지 저축의 개념을 끌어들이면 리스크 분산은커녕 결과적으로 손해를 보기 쉽다. 안전대책을 세운다는 것이 오히려 큰 위험을 초래할 수 있다는 이야기이다.

모으고 지킨다는 개념이 아니라, 투자하여 새로운 성과를 낸다는 개념으로의 전환이 필요하다. 이런 방식을 '투자형 사고'라 부른다. 많은 돈을 굴리는 사업가나 투자자가 아니라, 평범한 샐러리맨도 저축형 사고를 버리고 투자형 사고를 해야 한다. 투자형 사고가 되면 수익성을 의식하게 된다. 시간 대비 효과, 비용 대비 효과가 좋지 않으면 투자는 성립하지 않는다.

투자형 사고를 하면 수익성을 어떻게 최적화할지 스스로 고민하게 된다. 더 나아가서는 위험을 감수하는 용기도 기를 수 있다. 그저 모으고 지키려고만 하는 사람은 볼 수 없는, 새로운 풍경이 눈앞에 펼쳐진다.

예를 들어 수중에 1만 엔이 있다고 치자. '이 1만 엔은 쓰지 말고 만일에 대비한 보험으로 남겨 두고 매달 3만 엔씩 저축해야지.'라고 생각하는 것은 저축형 사고이다. 견실한 사고이긴 하지만, 투자의 관점에서 보면 1만 엔을 장롱 구석에 숨겨두는 것과 다름없다. 잃게 될 위험성은 없지만 느는 속도도 0이다. 그렇다면 과연 예견한 대로 '만일의 사태'가 발생했을 때 이 돈이 제 역할을 할까? 또 만일의 사태가 지나간 다음은 어떻게 될까?

투자형 사고를 하는 사람은 '이 1만 엔을 어디에 쓰면 100만 엔으로 만들 수 있을까?'를 고민한다. 1만 엔의 가치를 최대한으로 끌어올려 돈의 역할을 확대하려는 사고이다. 투자형 사고는 현상 유지를 선택하지 않는다. 앞을 내

다보고 이익 창출을 위한 행동을 통해 만일의 사태에 대처할 수 있는 자산을 형성한다. 이것이 진정한 의미의 리스크 분산이다.

다른 예를 들어보자. 1만 엔에 산 사과나무에 사과가 100개 열렸다. 이 사과를 어떻게 팔면 사과의 가치를 극대화할 수 있을까? 모범 답안의 하나는 사과 1개를 100엔 이상으로 파는 것이다.

1개 200엔에 100개를 다 팔았다고 가정해보자. 매출은 2만 엔이고 매출액에서 매출원가 1만 엔을 차감한 매출총이익은 1만 엔이 된다. 여기서 수확에 들인 수고와 농약값, 인건비, 세금과 같은 유지 경비를 빼고 나면 1개에 200엔 정도로는 수익성이 많이 떨어진다. 해결책은 사과 1개의 단가를 더 높이는 것이다. 그러나 1개에 몇백 엔 하는 사과는 많이 팔기 어렵다. 시장에는 싸고 맛있는 사과가 널렸기 때문이다.

이 상황에서 투자형 사고라면 이렇게 생각해볼 수도 있다. 사과를 아이돌 가수에게 따게 하고 손 편지를 끼워파는 것이다. 평범한 사과에 '내가 좋아하는 아이돌 가수가 손수

딴 특별함과 정성 가득한 손편지까지 들어 있다.'라는 부가 가치를 얹는 것이다. 아이돌을 향한 상품 수요는 상품의 개별 가치가 아니라 상품을 둘러싼 스토리에서 나온다. 이 전략이라면 사과 1개에 1,000엔 이상이라도 수요를 기대해 볼 만하다. 즉 콜라보 비즈니스로서 충분히 가능성이 있다는 말이다.

물론 아이돌을 고용하는 인건비는 발생하지만, 결과적으로 수익성 사업이란 것은 틀림없다. 약간 지출로 큰 수익을 올리는 기획으로 개인의 이익뿐 아니라 사회적인 행복을 창출하는 것이 바로 투자형 사고의 특성이다. 또 투자형 사고는 사람을 돕는 데도 활용할 수 있다. 만일 돈을 빌려 줘도 되는 상대라면 흔쾌히 투자한다는 생각으로 빌려줘라. 적절한 타이밍에 마음을 담아 한 투자는 빌려준 사람에게 금액 이상의 의미로 다가간다. 분명 큰 대가를 돌려받게될 것이다.

남에게 잘 기대는 능력도 필수다

나는 옛날부터 사업을 할 때 업무 조율 및 재무 관리, 프로그래밍과 같은 실무까지 일의 대부분을 혼자서 처리해왔다. 지금도 달라진 것은 없지만, 잡무는 직접 하지 않고 다른 사람들에게 맡긴다. 나는 다른 사람이 할 수 있는 부분은 능력이 되는 사람에게 맡기는 데 거부감이 없다. 나는 남에게 잘 기대는 편이다.

자신이 맡은 일은 어떻게든 혼자서 끝내려고 혼신의 힘을 다해 필사적으로 노력하는 사람들이 있는데, 그럴 필요 없다. 다른 사람에게 맡겨도 지장이 없는 일은 주저하지 말고 맡겨라. 그리고 정말 하고 싶은 일에만 집중해라.

앞에서도 언급했지만, 하고 싶은 일에 집중할 수 있는 환경을 잘 만들어놓으면 반드시 귀인이 나타난다. 아무도 도와주지 않는다고 혼자서 괴로워하지 마라. 세상에는 여러분이 기대면 흔쾌히 어깨를 내어줄 사람이 의외로 많다. 주저하지 말고 기대라.

파나소닉의 창업주이자 경영의 신이라 불리는 마쓰시타 고노스케의 명언 중 하나가 바로 '중지衆智를 모으는 힘'이다. 마쓰시타는 학력 콤플렉스가 있었다. 초등학교를 4학년에 중퇴하고 9살에 선착장에서 견습 점원으로 일했다. 18살이 되어 간사이상공학교 야간반을 다녔지만, 수업을 따라가지 못해 학교를 그만둬야 했다.

마쓰시타는 파나소닉의 전신인 마쓰시타전기의 창업주로서 신화적인 일대기를 써 내려갔지만, 고등교육을 받은 적 없던 자신의 학력에 콤플렉스가 있었다. 대신 학력이 부족한 만큼 뛰어난 인재를 등용하는 데 최선을 다했다. "나는 못 하니 머리 좋은 너희들이 힘 써달라!"라며 거리낌 없이 고개를 숙일 줄 알았다. 우수한 기술자들을 최고의 조건으로 데려와 전 세계 전자제품 업계에서 최고 수준의 팀을 꾸렸다. '중지를 모으는 힘'으로 자신의 콤플렉스를 정면 돌파한 위인이다. 마쓰시타는 이렇게 말했다.

> "아무리 훌륭한 사람도 인간인 이상 전지전능할 수 없다. 인간의 지혜에는 어쩔 수 없이 한계가 있다. 한계가 있는 한 인간의 지혜로 일을 해나가려고 하면 생각이 미치지 못하는 점, 편향된 점도 나타나 종종 실패로 이어진다."

이 말에 전적으로 동감한다. 마쓰시타의 경영론은 과거의 것이지만 그 본질은 오늘날의 첨단산업에도 그대로 적용할 수 있다. 현대인이 고통받는 원인 중 하나가 바로 쓸데없는 자존심이다. 버리지 못하는 자존심 때문에 제 실력을 발휘하지 못하니 성과도 실력에 미치지 못한다. '기대면 싫어할 거야.'라고 착각하는 것도 다 쓸데없는 자존심 때문이다. 타인은 당신에게 별 관심이 없다. 뻔뻔하게 기대도 전혀 문제없다.

나도 어릴 때는 그런 면모가 없지 않았지만, 점차 나이가 들면서 허세를 부리거나 폼 잡지 않고 솔직한 나를 그

대로 보여주게 됐다. 자존심을 내세울 만한 일이 점점 사라지고 있다. 그러자 오히려 "호리에몽을 돕고 싶다!"라며 손 내밀어주는 사람이 늘어갔다.

자존심을 내세우지 않는 사람은 덕이 있다. 이것이 진실이다. 남에게 자꾸 기대다 보면 기대는 것에 대한 거부감이 사라진다. 한번 상대가 기분 상할 것을 각오하고 다른 사람에게 기대보면 알 것이다. 분명 생각 이상으로 도와주려는 사람들이 늘어 일이 편해질 것이다. 남에게 잘 기대는 능력도 때론 필요하다.

이제는 아이디어가 아니라 속도 싸움이다

요즘 같은 시대에 아이디어 자체에는 가치가 없다. 새로운 사업이나 발명, 디자인, 스토리 모두 "이 아이디어는 대단해!", "세상을 확 바꿔 놓을 아이디어다!"라는 생각이 드는 순간에는 큰 흥분에 사로잡힐 것이다. 그러나 아무 의미 없다. 다시 말하지만 가치가 없다.

지금까지 그 누구도 생각한 적 없는 참신하고 혁명적인 아이디어는 이 세상에 존재하지 않는다. 그 아이디어는 반드시 전 세계 어딘가에서 누군가에 의해 동시에, 또는 훨씬 이전에 나왔을 것이다.

아이디어란 기존의 정보나 개념에서 파생된다. 같은 소

재를 가지고 수없이 많은 사람이 고민한다. 원점이 같으니 유일무이할 것이라고 생각하는 아이디어도 별반 다르지 않다. 인터넷의 보급으로 새로운 아이디어를 만들어내는 환경은 예전보다 훨씬 풍부하고 편리해졌다. 아이디어라 불리는 것이 매일 인터넷에 끊임없이 올라온다. 상황이 이러한데 "이건 아무도 생각지 못할 거야!"라고 외칠 만한 참신한 아이디어가 있을 리 없다.

핵심은 실행이다. 아이디어는 실행에 옮길 때에야 가치가 창출된다. 전화는 보스턴대학의 교수였던 알렉산더 그레이엄 벨이 가장 먼저 특허를 신청했지만, 당대의 여러 연구자가 개별적으로 연구를 진행하고 또 특허 신청을 계획했었다는 것은 잘 알려진 사실이다.

가장 먼저 전화를 발명한 이는 안토니오 무치였고, 더 빠르게 연구를 진행한 발명가 엘리샤 그레이도 있었다. 하지만 가장 먼저 정식 특허를 신청한 사람은 벨이었다. 특히 그레이는 벨보다 일찍 전화송신기의 설계도를 완성하는 등 연구의 진척도는 앞섰으나, 특허 신청이 벨보다 늦었다. 그레이는 말을 전달하는 기계가 아이들의 장난감이 아니고는 쓸모가 없을 것이라며 대수롭지 않게 생각했다. 그의 특허 변호사도 같은 의견이었던 것으로 보인다.

그레이의 특허 신청은 벨보다 고작 2시간 늦었다고 한다. 고작 2시간, 120분 늦게 행동하는 바람에 아이디어의 가치가 후손들의 인생까지 바꿔 놓을 만큼 크게 벌어졌다. 특허를 취득한 벨은 나중에 이 특허를 바탕으로 회사를 세웠는데, 그 회사가 바로 지금의 거대 통신사인 AT&T이다. 벨이 평생 벌어들인 재산은 작은 나라의 국가 예산에 버금가는 수준일 것이다.

한편, 전화는 발명의 측면에서는 혁신적이었을지 모르지만 '떨어져 있는 사람과 전선을 통해 이야기를 나눈다.'라는 아이디어 자체는 기존의 것들을 조합한 것에 불과하다.

아이폰도 훌륭한 발명이지만 아이디어의 측면에서 보면 소형 컴퓨터과 터치패널 방식 등 이미 있는 기술을 조합한 도구에 불과하다. 다만 이를 '전화'라고 정의한 것이 참신했다. 이것만으로 전 세계를 뒤흔드는 브랜드가 탄생했다.

여기서도 중요한 것은 아이디어가 아니다. 다른 사람보

다 빨리 움직였다는 점이 무엇보다 중요하다. 요즘 시대에는 정보 수집만 할 수 있으면 아이디어는 얼마든지 만들어 낼 수 있다.

"아이디어가 떠오르면 바로 행동하라!"

특허가 걱정되는 아이디어라면 그것부터 해결하고 그 다음은 다른 사람들에게 이야기해 협력해나가면 된다. 준비 없이 시작해도 괜찮다. 어쨌든 움직여 실현해라. 막연한 정신 무장을 이야기하는 게 아니다. '훌륭한 아이디어를 내는 자'가 아니라 '빨리 움직이는 자'가 성공을 거머쥔다. 역사가 증명하는 사실을 교훈 삼아 젊은 사람들이 적극적으로 행동했으면 하는 바람이다.

"부자가 되면 뭐하시게요?"

나는 부자가 되겠다고 생각한 적이 없다. 이렇게 말하면 "그럼 왜 사업으로 돈을 벌고 있냐?"고 묻곤 하는데 그런 말을 들으면 한숨부터 나온다. 사업으로 이익을 내는 것과 부자를 목표로 하지 않는 것은 전혀 다른 차원의 이야기이다. 자세히 설명하려면 못해도 책 한 권은 나올 것 같으니 여기서는 생략하겠다.

아무튼, 부자가 되고 싶은 사람은 되면 된다. 부자가 될 방법은 많다. 내가 발송하는 이메일 매거진이나 책에서도 효율적으로 돈을 벌 수 있는 새로운 사업에 대해 무수히 언급하고 있으니 필요하다면 참고하기 바란다.

친절하게 다 공개하고 있는데도 여전히 "부자가 되고 싶은데 어떡하면 좋을까요?"라는 질문을 수시로 받는다. 정말이지 두손 두발 다 들 지경이지만, 대부분은 "건강해지고 싶은데 어떡하면 좋을까요?"라는 질문만큼이나 별생각 없이 반사적으로 하는 질문일 것이다.

그런 사람들에게 나는 일관되게 되묻곤 한다. "부자가 되면 뭐하시게요? 그 많은 돈으로 뭘 하고 싶으세요?"라고. 이 질문에 제대로 답할 수 있는 사람을 만나기는 쉽지 않다. 또 이 질문에 대한 정답을 알고 있는 사람들은 오히려 부자가 되겠다는 생각을 하지 않을 가능성이 크다.

나도 10대 때는 다른 사람들처럼 '사고 싶은 게 있는데 지금 가진 돈으로는 부족해.'라고 생각한 적이 있지만, 그렇다고 특별히 부자가 되고 싶다고 생각한 적은 없다. 갖고 싶은 것을 수중에 있는 돈으로는 살 수 없다는 것은 행동에 제약이 생기는 것일 뿐, 부자가 되고 싶다는 욕망과는 별개이다.

내가 남들보다 물욕이 적다고 느낀 것은 대학에 들어가면서부터다. 선배가 하루는 내게 "너는 정말 인간적인 면

이 없어. 마치 힌두교의 신 '시바' 같아."라고 했다. 욕인지 칭찬인지 애매했지만, 아무튼 일반적인 다른 학생들과는 달리 물욕이 없는 내가 이질적으로 느껴졌다는 뜻이었을 것이다. 나는 20대 초반에 이미 "돈이 필요해!"라는 강박에서 완전히 해방돼 있었다. 돈에 정신 팔리지 않고 하고 싶은 일에 전력투구하는 인생을 다른 사람들보다 일찍 시작할 수 있었던 것은 행운이었다고 생각한다.

부자를 목표로 하면 지금의 주류 사회에서는 손해가 크다. 부자를 목표로 하는 인생을 전부 부정하려는 것은 아니지만, 그런 사람은 인기가 없다. 어떤 사업을 하든, 어떤 발언을 하든 사람들의 이목을 끌기 어렵다. 벌이의 총량 역시 한정된다.

부자가 되려 하지 말고 "저 사람과 함께 있으면 항상 재미있다!"라는 말을 듣는 인생을 지향하기 바란다. 그러면 돈에 구애받지 않는, 돈으로부터 자유로운 인생을 살 수 있다.

부자가 되고 싶은 욕망은 불안하다는 증거이기도 하다. 그래서 쌓아둔 자산이 만일의 사태나 일을 할 수 없게 됐을 때의 불안을 해소해줄 것이라 믿는 것이다. 이런 사람들은 친구나 애인은 돈만 있으면 얼마든지 사귈 수 있으리라고 착각한다. 어떤 의미에서 틀린 말은 아니다. 돈은 사소한 분쟁이나 불안을 해소하는 데 제격이긴 하다.

그러나 '어디에 쓸 것인가?', '무엇을 할 것인가?'라는 본질적인 질문이 결여돼 있으면 불안은 결코 사라지지 않는다. 지금 당장 저축액이 몇억 엔 있어도 불안하기는 매한가지이다. 반면 하고 싶은 일에 푹 빠져 있으면 돈에 대한 불안은 사라진다. 무엇인가에 푹 빠지지 못하는 어중간한 자신의 상태를 두고 '부자가 되기 위해서.'라고 핑계 대면 안 된다. 불안을 없애기 위해서는 사고의 밀도를 높여야 하지, 통장의 잔고를 늘려봤자 소용없다.

균형을 깨고 있는 힘껏 방망이를 휘둘러라

'보람 있는 일도 하고 싶고 가족에게 봉사할 시간도 필요하다.', '여가나 여행 시간을 줄이고 싶지는 않지만, 수입은 더 늘면 좋겠다.', 'SNS 상에서 유명해지고 싶지만, 비판이나 질투는 받고 싶지 않다.' …

많은 사람이 상반된 바람을 몇 개씩 끌어안고 괴로워한다. 쓴 건 뱉고 단것만 삼키고 싶다는 말이다. 욕심이 지나치거나 약은 마음이라 할 수 있다. 현재를 바꾸지 않고 좋은 것만 취하기란 불가능하다. 훈련은 하지 않고 100미터 달리기에서 1등하고 싶다거나, 시장조사는 전혀 하지 않으면서 물건만 많이 팔렸으면 하는 것처럼, 손 안 대고 코 풀겠다는 심보와 다름없다.

두근대는 성공을 경험하고 싶다면 시간을 투자해 계속 도전해야 한다. 실패의 위험도 감수해야 한다. 모든 세상사가 그렇듯 하나를 얻으려면 하나를 걸어야 한다.

회사를 창업했을 때 나는 일에만 몰두했다. 자나 깨나 머릿속은 일로 꽉 차 있었다. 당시 가족에게는 미안한 말이지만 일을 줄이고 가족에게 봉사해야겠다는 생각은 전혀 없었다. 대신 충분한 생활비를 주고 있었기 때문에 그것으로 됐다고 생각했다. 결국 헤어졌지만 지금도 후회는 없다.

회사는 급성장해 스페인 등 해외에 자회사도 세울 만큼 성장하고, 나 또한 정신적으로나 경제적으로나 알찬 나날을 보냈다. 여러 사업이 잘 돌아가면서 숙원 중 하나였던 구단 인수 계획도 점점 구체화되었다.

내가 가정에도 잘하려고 마음먹었다면 이렇게까지 치고 올라오지는 못했을 것이다. 물론 가정에도 잘하면서 큰 사업을 성공시킨 사람도 있긴 하다. 그러나 나에게는 불가능한 일이었다. 이를 성공시킨 사람은 비상한 사람인 게 분명하다.

"호리에몽은 흔치 않은 스타일이다."라는 말을 많이 듣는데, 내가 보기에는 가정과 일의 균형을 잘 유지하면서 사업을 성공시키는 사람이야말로 진짜 흔치 않은 스타일로 보인다. 나는 스스로 이런 요령이 부족하다는 것을 잘 알고 있다. 그런 의미에서 나는 평범한 사람이다.

나는 양쪽의 균형을 맞추기 위해 조율해가면서 하고 싶은 일을 하는 것은 불가능한 사람이다. 나는 내 모든 에너지를 하고 싶은 일에 쏟아붓는 스타일이다. 어느 한쪽에 모든 집중력을 쏟은 덕분에 사업에서 크게 치고 나갈 수 있었다. 이외에 특별한 점은 전혀 없다.

흥미진진한 인생을 살고 싶고, 진심으로 하고 싶은 일이 있다면 자신 안에 있는 이른바 '균형 제어기'를 박살 내라! 천재가 아니라면 다른 방법이 따로 없다. 타자가 장외 홈런을 치는 순간에는 동체 균형이 크게 깨져 있는 상태라고 한다. 그 순간만큼은 몸의 균형을 깨트리고 온 힘으로 방망이를 휘둘러야 공을 하늘 저편으로 멀리 날릴 수 있다는 말이다.

몇 번이고 강조한다. 돈이고 용기고 가진 것은 몽땅 써

라. 아낄 필요 없다. 무엇이 됐든 아끼고 쌓아두려는 마음은 인생의 균형을 잡기 위한 보루이다. 그러나 그런 식으로 쌓은 균형은 정작 필요한 때에 있으나 마나 할 만큼 미약할 것이다.

나는 종종 "1개의 직함이 100명 중 1명의 경쟁력을 가진다 할 때, 직함이 3개면 100만 명 중 1명이 될 수 있다."라고 말한다. 100만 명 중 1명이 되기 위해서는 온 신경을 쏟아붓는 행동력이 필요하고, 행동을 뒷받침해줄 시간과 돈도 투자해야 한다. 푹 빠진 일이 있다면 아낌없이 돈을 써라. 괜찮다. 불안할 것 없다. 균형을 깰 만큼 몰두하는 경험은 리스크를 두려워하는 사회에서 돈보다 훨씬 큰 가치를 갖는다.

돈으로 해결할 수 없는 문제

나는 앞에서 내내 저축의 무용함에 대해 강조하고, 통장의 잔고는 곧 놓쳐버린 기회들이라는 말도 했다. 은행에 저축한다는 진정한 의미는 은행에 무상으로 돈을 빌려준다는 것이다. 마치 뭔가에 홀린 듯 은행에 돈을 맡기는 노인이나, 알뜰히 저축하는 주부들의 이야기를 듣고 있자면 도무지 이해가 가지 않는다. 대단한 부자도 아니면서 이미 거대 자본을 보유한 은행에 돈을 마구 빌려주다니, 그러면서도 어떻게 아무렇지도 않을 수 있느냔 말이다. 그런 사람일수록 "빚은 절대 안 돼!"라든가 "돈은 소중하지."라고 많이들 주장한다. 말과 행동의 앞뒤가 도무지 맞지 않는다. 없는 돈을 털어 은행에 빌려주면서 아무런 의문도 품지 않는 사람이 돈이 소중하다고 말하는 건 아무래도 웃기지 않은가?

문제의 핵심은 몇 세기에 걸쳐 이어져 온 '신용'에 관한 이상한 역전 현상이다. "내 돈은 믿어도 남은 못 믿는다."라고 말하는 사람이 정말 많은데, 돈이 아니라 사람을 믿어야 하는 것 아닌가?

돈이 어느 정도까지 문제를 해결해주는 것은 분명하다. 그러나 인생에는 돈으로 해결할 수 없는 문제가 훨씬 많다. 다른 사람의 손을 빌리지 않고는 해결할 수 없는 상황에서 "난 돈이 있으니 도움은 필요 없습니다."라고 거절하면 어떻게 될까? 만에 하나 문제를 해결할 수 있다 하더라도 돈보다 더 중요한 무엇인가를 잃지 않겠는가?

돈보다 사람을 소중히 하라는 얄팍한 도덕관을 늘어놓으려는 것이 아니다. 돈을 신용하게 되면 돈에 끌려다니는 인생을 살게 된다. 이는 생판 모르는 사람에게 이용당하는 것이나 매한가지이다. 그런 사람이 당장에는 잘나가고 있을지 모르지만, 조금만 지나도 매우 시시한 인생을 살고 있으리라 확실히 말할 수 있다.

5. 커리어 혁명

통장 잔고를 지나치게 믿어서는 안 된다. 저축신앙에서
지금 당장 벗어나자. 그러기 위해서는 먼저 은행에 돈을 맡
기는, 아니 '빌려주는' 행위가 어떤 의미인지, 또 자기 인생
에 어떤 영향을 미칠지에 대해 다시 한번 골똘히 생각해봐
야 한다.

저축신앙에 빠져 있는 사람만큼이나 '입체적인 발상이
불가능한' 사람도 많다. "어떻게 하면 부자가 될 수 있습니
까?"라는, 삶의 본질에 한 발짝도 다가서지 못한 물음의 답
을 찾기 위해 1년 365일 신음하는 사람들이다. 나도 인터
뷰할 때면 이런 질문을 자주 받는데, 정말이지 신물 난다.
이런 우문愚問에 현답賢答이 나올 리 없다.

입체적인 발상이 무엇인지 조금 더 구체적으로 이야기
해보겠다. 나는 1997년 월드컵의 최종 예선이던 일본 대
이란전을 관전하기 위해 말레이시아 조호르바루로 갈 생
각이었다. 당시 부하 직원에게 비행기 표 예약을 부탁했는
데, 그는 "쿠알라룸푸르행 비행기 표는 도저히 구할 수가
없습니다!"라며 내게 보고했다.

90년대 후반에는 일본에서 말레이시아로 가는 비행기

의 운항 편수가 적어 일본에서 출발하는 응원단의 표 예약만으로 모든 비행기 표가 동났던 것이다. 당시는 인터넷도 지금만큼 보급되지 않아 구글 맵도 없었다.

나는 다른 방법을 찾아보기로 하며 종이 지도를 펼쳤다. 지도를 보며 먼저 조호르바루가 말레이시아의 중심 도시라는 선입견을 버리기로 했다. 그러자 조호르바루는 이웃 나라 싱가포르에서 다리 하나만 건너면 되는 거리에 있다는 점이 눈에 확 들어왔다. 당연히 싱가포르행 표 예약은 가능했다.

나는 곧장 말레이시아로 가는 대신 먼저 싱가포르로 날아갔다. 현지에서도 피곤하게 비행기를 타는 대신, 버스 투어를 신청해 '탄 스리 다토 하지 하산 유노스 스타디움'으로 갔다. 나는 당연히 조호르바루에서 일본팀이 월드컵 본선 진출을 확정하는 환희의 순간에 함께 할 수 있었다.

비행기 표를 구하지 못했을 때, 다른 방법을 찾아보지 않고 그냥 포기한다는 것은 사고가 평면에 갇힌 채로 멈춰있다는 뜻이기도 하다. 왜 지도를 펼친다는 생각을 하지 않을까? 지도를 펼쳐놓고 생각하면, 싱가포르행이 아니었더라도 다른 방법이 보였을 것이다. 혹은 지도가 아니더라도 입체적으로 사고할 수만 있다면 목적지까지 갈 또 다른 방법이 반드시 나왔을 것이다.

평면적인 사고만 하는 사람들은 이런 식으로 정보를 모아 입체적으로 대응하는 방법을 잘 모른다. 그래서 재테크의 측면에서도 돈을 효과적으로 쓸 줄 모르고 저축신앙에만 빠져 있는 것이다.

입체적인 사고를 키우는 데는 한 번에 여러 가지 일을 하는 힘, '다동력'이 도움 된다. 나는 매일 자는 시간을 빼면 분 단위의 일정을 소화하고 있다. 여러 업무를 동시에 처리하면서 많은 사람을 만나 놀고 마시고 웃으며 하루하루를 보낸다. 멍하니 쉬는 시간은 거의 없다.

평소 바쁜 사업가는 모처럼 쉬는 날이면 아무 일정도 잡지 않고 아무 생각 없이 무조건 쉰다는데, 나는 그것이 행복한지 모르겠다. 순간을 후회 없이 즐기고 지금에 집중하는 삶을 사는 게 좋다. 그렇게 살다 보면 아무것도 하지 않는 순간이 매우 초조하게 느껴질 것이다. 좋은 반응이다. 천만금을 주고도 살 수 없는 시간을 대수롭지 않게 여기는 태만함을 나는 이해할 수 없다.

다동력의 삶에는 물론 돈이 많이 든다. 보통 나는 한 달

쓸 정도의 현금만 남겨두고 나머지는 다 써버린다. 말로만 떠드는 게 아니라, 나부터 '가진 돈은 몽땅 써버리는' 생활을 몸소 실천 중이다.

즐거움이 줄어드는 선택은 하지 않는다

2장 '행동 혁명'에서 주식은 하지 말라고 했다. 알아들을 사람들은 다 알아들었겠지만 풀어서 말하면 목적 자체가 수익성을 노리는, 즉 투자 이익을 노린 투자를 하지 말라는 의미였다. 나도 투자는 하고 있다. 엄밀히 말하자면 투자라기보다 "이런 회사를 만들거나 사업 아이템을 구현하고 싶다!" 하는 프로젝트를 젊은 친구들과 함께 만들어간다는 말이 맞겠다. 소위 말하는 '엔젤 투자'를 하는 것이다. 나는 이처럼 재미있고 가슴 뛰는 일을 계속할 예정이다.

비평가 우노 쓰네히로는 예전에 뉴스 큐레이션 사이트 '뉴스픽NewsPicks'에 다음과 같은 글을 썼다.

"공업 사회의 화이트칼라들의 놀이 문화는 20세기에 이미 완성됐습니다. 그러나 21세기의 새로운 화이트칼라, 또는 지식층의 놀이 방식은 아직 충분히 확립되지 않았습니다. 그런데 일본에서 무엇인가 재미있는 것을 실험할 가치가 있다는 것을 호리에 씨는 본질적으로 알고 스스로 다양한 실험을 하는 것 같습니다."

날카로운 지적이다. 여기에 하나만 덧붙이자면 나의 다동력 스타일은 화이트칼라나 프리랜서, 사업가만을 위한 것이 아니다. 현대사회의 모든 이에게 추천할 만한 스타일이다. 다동력의 생활 방식은 앞으로 인류의 표준이 될 것이고, 옛날부터 이어져 온 세뇌적인 교육, 더 나아가서는 저축신앙에서 벗어나는 데 매우 효과적이라는 점을 꼭 강조하고 싶다.

교육을 통한 세뇌의 폐해로는 저축신앙 외에 목표 지상주의도 들 수 있다. 시중에 나와 있는 자기 계발서들을 보면 하나같이 약속이나 한 듯 '꿈'이나 '목표' 등 휘둘리기 쉬운 대중을 잘못된 방향으로 이끄는 말을 늘어놓고 있다.

이는 '목표설정주의'라 표현해도 좋을 것이다. 이들은 각자 목표를 설정하고 그 라인에 도달하기 위해 노력하는 것이야말로 성장 중이라는 증거라고 주장한다. 그 뿌리는 "예금 목표액 ○○만 엔!", "자금이 모이면 창업!"이라고 외치는 저축신앙과도 맞닿아 있다.

다시 강조한다. 미래를 고민하는 것은 의미가 없다. 미래지향적인 사고는 불필요한 불안을 낳고 행동을 제한한다. 물론 목표를 향해 열심히 노력하는 것 자체는 나쁘지 않다. 그러나 머리로 생각한 목적은 대부분 그 자체가 목표로 변하고 만다. '미리 정해둔 선을 넘지 못하면 실패'라는 부정적인 생각으로 이어져 다른 선택지나 가능성을 잘 보지 못하게 되는 것이다. 이 말은 입체적 사고의 가능성이 줄어든다는 의미이기도 하다.

내가 SNS에 골프 치러 간다고 올리면 꼭 "목표 스코어가 얼마입니까?"라고 묻는 사람들이 있다. 정말 답답하다. "그런 것은 정하지 않습니다!"라고만 답글을 단다. 목표를 정하면 그 숫자에만 집중하게 돼 골프가 재미없어진다. 목표를 정하면 조금씩 실력이 늘지는 몰라도 골프 본연의 재미는 확실히 줄어든다.

나의 선택은 항상 단순하다. 즐거움이 줄어드는 선택은 하지 않는다. 때로 비합리적이더라도 무조건 재미있다고 느낀 길을 선택한다. 목표를 설정하는 것은 자신의 한계를 스스로 선 긋는 행위이다. 끝이 있는 도전에 무슨 즐거움이 있겠는가?

'여기까지 가면 달성이야.'라든가 '이제 끝이다.'라는 식으로 목표를 정할 필요가 없다. 지금을 즐기고 마음 가는 대로 자신의 세계를 넓혀나가자. 세상이 넓어지면 재미있는 사람과 정보가 모이고, 삶의 선순환은 속도를 내게 돼 있다. 미래에 대한 불안이 얼마나 무의미한지 깨닫게 될 것이다.

돈은 소중하다. 그러나 쓰지 않으면 족쇄에 불과하다. 돈을 당장 내일도 알 수 없는 미래에 묵혀두지 말고 살아 숨 쉬는 현재에 써라. 목표를 위해 쓰지 말고 목표를 없애 무엇에도 속박당하지 않는 자유를 누려라! 가진 돈은 몽땅 써서 하고 싶은 걸 하라!

———

공적을 선물처럼 누군가에게 주면 오히려 주위 사람들이 감사해한다. 이 선순환이 구르기 시작하면 만나는 사람이나 들어오는 정보의 질도 올라간다. 공적을 잘 나눌 줄 아는 사람에게는 자연스레 좋은 인연이 찾아온다.

———

부자가 되려 하지 말고 "저 사람과 함께 있으면 항상 재미있다!"라는 말을 듣는 인생을 지향하기 바란다. 그러면 돈에 구애받지 않는, 돈으로부터 자유로운 인생을 살 수 있다.

정말로 하고 싶은 일에 파묻혀 살아보기를

이솝 우화 〈개미와 베짱이〉의 최신판에서는 결말이 개미가 베짱이에게 먹을 것을 나눠주는 것으로 바뀌었다고 한다. 여기까지는 괜찮은데, 개미의 도움을 받아 무사히 겨울을 난 베짱이는 마음을 고쳐먹고 열심히 땀 흘려 일해 다음 겨울에 먹을 음식을 준비하게 된다고 한다. 그야말로 놀랄 만한 저축신앙으로의 개종이라 하지 않을 수 없다.

다시 한번 밝히지만 저축하지 않는 자는 굶어 죽어 마땅하다는 논리는 구시대적인 발상이다. 베짱이는 돈을 마구 쓰면서 계속 놀면 된다. 나는 이 책에서 그 재능이 빛을 발해 개미들과 별반 다르지 않은, 아니 그 이상의 성과를 낼 수 있다고 여러 번 강조했다. 저축신앙과는 정반대의 교훈을 주는 〈베짱이와 개미〉 그림책을 만들어볼까 진지하게 고민 중이다.

통장을 펼쳐보라. 이 책을 읽기 전까지 그 통장 잔고가 여러분의 생활과 미래를 보장해준다고 생각했을지도 모른다. 그러나 이 책을 읽고 난 지금도 생각이 그대로인가? 통장 잔고는 여러분이 지금 이 순간에도 잃고 있는 수많은 기회의 총액일 뿐이다.

사람은 죽을 때 저지른 일보다 시작도 해보지 않은 일을 더 크게 후회한다고 한다. 돈도 마찬가지이다. 자신 있게 말한다. 쓴 후회보다 쓰지 않은 후회가 더 클 것이다. 주저 말고 하고 싶은 일에, 갖고 싶은 것에, 먹고 싶은 음식에 돈을 써라. 여러분이 정말로 하고 싶은 일에 파묻혀 인생을 살아갈 수 있기를 바란다.

호리에 다카후미 堀江貴文

1972년 후쿠오카에서 태어났다. 일본 IT 업계의 풍운아로 이름을 떨쳤다. SNS 미디어&컨설팅 SNS media & consulting 주식회사를 창업하고 라이브도어 대표이사 겸 CEO를 역임했다. 로켓 개발 업체 인터스텔라 테크놀로지를 설립해 민간 기업으로는 일본 최초로 우주에 로켓을 쏘아 올리는 데 성공했다. 이외에도 맛집 검색 앱 '데리야키', 인스턴트 메신저 '755'를 기획하고, 소설을 쓰는 등 다방면에서 활동 중이다. 유료 이메일 매거진 '호리에 다카후미의 블로그에서는 할 수 없는 이야기'는 1만 명이 넘는 독자를 보유하고 있다. 회원제 커뮤니티 '호리에 다카후미 이노베이션대학교'도 인기이다. 《다동력》, 《10년 후 일자리 도감》, 《모든 교육은 세뇌다》, 《진심으로 산다》 등 다수의 베스트셀러를 출간했다.

윤지나

덕성여자대학교 일어일문학과와 한국외국어대학교 통역
번역대학원 한일과를 졸업했다. 2002년부터 통번역대학원
입시학원에서 강의 중이고, 통번역사로도 활동하고 있다.
'소년탐정 김전일', '춤추는 대수사선', '기묘한 이야기' 등
200여 편의 일본 드라마와 영화를 번역했다. 역서로는《원
인과 결과의 경제학》,《화장품이 피부를 망친다》,《교양 없
는 이야기》등이 있고, 저서로는《초보 번역사들이 꼭 알아
야 할 7가지》,《처음부터 실패 없는 일본어 번역》이 있다.

가진 돈은 몽땅 써라

2021년 6월 25일 초판 1쇄 | 2024년 2월 13일 24쇄 발행

지은이 호리에 다카후미 **옮긴이** 윤지나
펴낸이 박시형, 최세현

책임편집 박현조 **디자인** 정아연
마케팅 권금숙, 양근모, 양봉호 **온라인홍보팀** 신하은, 현나래, 최혜빈
디지털콘텐츠 김명래, 최은정, 김혜정 **해외기획** 우정민, 배혜림
경영지원 홍성택, 강신우, 이윤재 **제작** 이진영
펴낸곳 (주)쌤앤파커스 **출판신고** 2006년 9월 25일 제406-2006-000210호
주소 서울시 마포구 월드컵북로 396 누리꿈스퀘어 비즈니스타워 18층
전화 02-6712-9800 **팩스** 02-6712-9810 **이메일** info@smpk.kr

ⓒ 호리에 다카후미(서작권자와 맺은 특약에 따라 검인을 생략합니다.)
ISBN 979-11-6534-349-1(03320)

쌤앤파커스(Sam&Parkers)는 독자 여러분의 책에 관한 아이디어와 원고 투고를 설레는 마음으로 기다
리고 있습니다. 책으로 엮기를 원하는 아이디어가 있으신 분은 이메일 book@smpk.kr로 간단한 개요와
취지, 연락처 등을 보내주세요. 머뭇거리지 말고 문을 두드리세요. 길이 열립니다.